VIE

DE MADAME LOUISE

DE FRANCE,

RELIGIEUSE CARMÉLITE,

FILLE DE LOUIS XV.

Par M. l'Abbé PROYART, de plusieurs
Académies.

Gloria Filiæ Regis ab intus. Ps. 44, v. 15.

NOUVELLE ÉDITION,

Augmentée par l'Auteur, de divers Ecrits de
Madame LOUISE.

TOME SECOND.

A LYON,

Chez RUSAND et Comp.ie, Libraires,
rue Merciere.

1805.

VIE

DE

MADAME LOUISE,

RELIGIEUSE CARMÉLITE.

SUITE DU LIVRE TROISIEME.

QUELQUE préparée que fût Madame Louise à la nouvelle de la mort du Roi, elle n'en éprouva pas moins, en l'apprenant, la plus cruelle impression de douleur. Mais, s'élevant par la Religion au-dessus de la nature, ce ne fut point par de vaines larmes, ce fut par de ferventes prieres, par des Communions multipliées, par tous les genres de bonnes œuvres, pratiquées à cette intention dans

Tome II.   A

son Monastère et dans tous ceux de son
Ordre, qu'elle s'efforça de faire ressentir
les effets de sa tendresse à celui qu'elle
chérissoit plus qu'un Pere, depuis qu'il
lui avoit permis d'embrasser un état plus
précieux à ses yeux que la vie même. Ce
fut aussi dans la Religion qu'elle trouva
sa consolation. " Dieu, en exigeant de
moi ce sacrifice, écrivoit-elle au Supérieur de la Maison, l'a tellement adouci,
et je suis si consolée, quand je pense aux
graces singulieres que le Roi a reçues
dans ses derniers momens, et dont il
paroît avoir si bien profité, que, s'il dépendoit de moi de le rappeler à la vie,
j'avoue que je ne voudrois pas le replon-
ger au milieu des dangers qui assiégent
le Trône, et risquer une seconde fois
son ame... Les dispositions de son Co-
dicille ne m'étonnent point. Ses sentimens humbles ont touché le Scrutateur
des cœurs. Mais l'endroit où il marque,
qu'il a *été mal secondé dans ses bonnes
vues pour la Religion...* Cela fait trembler. Qu'il est heureux pour lui que le
bon Dieu connoisse vraiment le fond des

cœurs ! Qu'il étoit beau ce cœur ! qu'il
a été peu connu, et qu'il a été traversé
dans ses bons desseins ! » Six semaines
après, elle écrivoit à la même personne :
« Mon cœur est toujours malade ; mais
» il n'y a de remede que la soumission à
» la volonté de Dieu. »

Si un Neveu pouvoit jamais remplacer
le meilleur des Peres dans le cœur de la
plus tendre des Filles, Louis XVI l'eût
fait auprès de Madame Louise, par ses
soins et son vif empressement à aller au-
devant de ce qui pouvoit lui faire plaisir.
Je lis dans une Lettre de ce Prince : « Je
» vous prie, ma chere Tante, de tou-
» jours compter sur moi ; et, quand vous
» pourrez m'écrire, de le faire, afin que
» je vous prouve par moi-même l'amitié
» et la tendresse que j'ai pour vous. »

Ces sentimens du bon et vertueux
Louis XVI pour sa Tante, la Reine son
Epouse les partageoit, et elle en donnoit, dans toutes les occasions, des preuves touchantes. On se rappelle comment
s'expliqua sa tendresse, lorsque, n'étant
encore que Dauphine, elle assistoit à la

Cérémonie qui préparoit le sacrifice de Madame Louise. Devenue Reine, elle la pria de l'aimer assez pour s'adresser directement à elle pour tout ce qu'elle pourroit désirer ; et elle eût souhaité que les désirs d'une Carmélite eussent été moins bornés.

En suivant ainsi le penchant de son cœur (1), la Reine exprimoit encore les sentimens de l'Impératrice sa Mere. Cette grande et pieuse Princesse, protectrice zélée de la Religion dans ses Etats, et des Filles de Sainte Thérese en particulier, étoit pénétrée d'estime et d'affection pour

---

(1) La Reine, dans les visites qu'elle faisoit à Madame Louise, lui conduisoit quelquefois les Princes ses Enfans. Un jour qu'elle étoit accompagnée de Madame, alors seulement âgée de quatre ans, la jeune Princesse, à la veille d'être inoculée, étoit assujettie à une diette fort sévere. On lui permit cependant de faire une collation, mais si légere qu'elle recueilloit soigneusement ses miettes, sans en rien laisser perdre. Une Religieuse, à cette occasion, dit que Madame sembloit annoncer quelques dispositions pour le Carmel, où il est d'usage qu'on ramasse ainsi ses miettes. « Si Dieu lui donnoit un jour cette vocation, répondit » la Reine, je ne m'opposerois pas à ce qu'elle vînt » partager votre bonheur. »

Madame Louise ; elle ne parloit qu'avec
attendrissement de l'héroïsme de son sacrifice ; et l'on eût dit qu'elle regretât
de ne pouvoir pas en partager le mérite.
Elle se fit peindre en habits de Carmélite;
et, au bas de son portrait, qu'elle envoya
à Madame Louise, elle écrivit ce billet
de sa main :

« Quand, aux pieds des autels, vous
sentez l'avantage du calme que votre piété
et vos vertus ont préféré à l'éclat de la
Cour, souvenez-vous de moi et jetez un
clin-d'œil sur ce portrait. Il vous demande, pour prix de son amitié, un
sentiment de tendresse pour ma Fille et
pour moi. *Marie-Thérese, Imp.* »

La même Princesse termina une de ses
Lettres à Madame Louise en ces termes :
« Depuis dix ans où notre incomparable
Archiduchesse Isabelle (1) me combloit
de bonheur, j'ai eu la plus grande estime
et tendresse pour vous. J'ose vous recommander ma Fille qui, étant si jeune,

---

(1) Fille du Duc de Parme, et Niece de Madame
Louise.

a besoin de conseils , d'exemples et de
prieres. Souvenez-vous aussi , Madame ,
d'une amie qui sera jusqu'au tombeau ,
Madame , ma Sœur et ma Cousine , votre
bien affectionnée sœur et cousine *Marie-
Thérese , Imp.* »

Rien n'étoit plus édifiant que les relations de Madame Louise avec les Princesses ses Sœurs. C'étoit la Vertu cachée
qui se communiquoit à la Vertu en spectacle , et concertoit le bien avec elle. Les
bonnes œuvres auxquelles Mad. Louise
ne pouvoit se livrer par état , elle en ren-
voyoit l'exécution à MESDAMES , qui se
faisoient un devoir d'acquitter ces pieuses
Lettres de change , et lui demandoient
en retour des prieres. « Tout ce que je
» puis faire , répondoit-elle à une personne
» qui sollicitoit des secours , c'est d'adres-
» ser votre Protégé à ADELAÏDE. — Je
» ferai souvenir mes Sœurs de vous ,
» écrivoit-elle aux Carmélites de Com-
» piegne ; mais il faut attendre que la
» Fête de la Toussaint soit passée. Avec
» le meilleur cœur du monde , elles sont
» si généreuses que , dans le moment où

» elles désireroient le plus de donner, leur
» bourse est à sec. » Pendant cette cruelle
maladie, suite des soins religieux que ces
Princesses prodiguerent au Roi leur Pere,
« Je crains toujours, disoit Mad. Louise,
» mais ma crainte est tranquille ; et je
» trouve ma consolation devant Dieu,
» dans la pensée que, si elles succom-
» bent, elles seront martyres de la piété
» filiale, qu'elles ont exercée d'une ma-
» niere bien chrétienne. Un peu plutôt,
» un peu plus tard, il nous faut tous ar-
» river à ce terme. *Fiat voluntas.* »

Peu de temps avant la mort de Mad.
Sophie sa Sœur, Mad. Louise exprimoit ainsi ses sentimens sur la situation
de cette Princesse : « Je suis bien éloignée d'espérer pour SOPHIE. C'est un état
pour moi difficile à soutenir ; mais puisque
le bon Dieu le veut, il faut bien le vouloir. Mes Sœurs sont auprès d'elle comme
des héroïnes. C'est ADÉLAÏDE qui lui a
tout dit, et qui la maintient dans la soumission à la volonté de Dieu, et dans la
confiance en notre Sainte Mere. Cela sera
bien méritoire pour elle. » Après la mort

de la Princesse, elle écrivoit à M. l'Abbé
Bertin : « La mort de SOPHIE , en me
perçant le cœur , le remplit de consolation , par la maniere dont elle a fait le
sacrifice de sa vie. On a bien raison de
dire , *telle vie telle mort*... Il m'eût été
difficile de vous donner des détails sur sa
vie , sa grande vertu ayant été la simplicité ; et sa principale étude , de cacher
ce qu'elle valoit. Tout ce que je puis
vous en dire , c'est que je voudrois bien
n'avoir pas plus de reproches qu'elle à
me faire : je n'ai jamais vu d'Ame plus
pure. »

J'ai sous les yeux des preuves multipliées de cette amitié tendre et vraiment
religieuse de Mad. Louise pour toutes les
Personnes de la Famille Royale. Il n'étoit
pas jusqu'à l'Enfant au berceau qui ne
fût l'objet de sa pieuse sollicitude. A la
naissance du DUC DE NORMANDIE, « Priez
» bien Dieu pour notre petit Normand,
» écrivoit-elle ; il se porte à merveille et
» sa Mere aussi. » Dans différentes occasions je la vois solliciter des prieres pour
LE COMTE D'ARTOIS qui doit faire sa pre-

miere Communion, pour MONSIEUR qui fonde un Monastere de Carmélites à Alençon ; pour Madame Elisabeth , qu'elle affectionnoit singuliérement , et au sujet de laquelle elle écrivoit : « C'est après-» demain *Sainte Elisabeth* : recomman-» dez bien , je vous prie , ma Niece à sa » Patrone. Elle a , par la grace de Dieu , » une volonté bien décidée d'être à lui ; » mais je connois le Pays qu'elle habite : » les plus pures vertus y ont besoin de » grands appuis. »

Les affections d'un cœur vertueux durent autant que lui , et ont le droit de suivre leur objet jusque dans le tombeau. Madame Louise , tant que la Reine sa Mere vécut , lui marqua tous les sentimens que la nature inspire aux Enfans bien nés, et que la Religion rend inaltérables. Elle faisoit la consolation et la joie de cette pieuse Mere ; et, lorsque le Ciel la lui eût enlevée , elle ne laissa passer aucun jour sans lui payer le tribut de sa piété filiale au pied des Autels. Le dernier acte religieux qu'elle fit dans le Monde, avant d'entrer chez les Carmélites , fut

d'aller prier sur la tombe de sa Mere.
Mais, au souvenir des grands exemples
que la Reine avoit offerts au Monde et à
sa Famille, elle disoit quelquefois qu'elle
se sentiroit plus de dévotion à l'invoquer
qu'à prier pour elle. La rare piété de cette
Princesse parloit continuellement à son
cœur : elle ne se rappeloit ses vertus
qu'avec attendrissement. Ce fut elle qui
me mit à portée de composer l'ouvrage
qui doit en perpétuer la mémoire. Elle
en avoit accepté et fait agréer la Dédicace
aux Princesses ses Sœurs ; elle en regardoit la publication comme une des plus
útiles leçons que l'on pût offrir à la France
chrétienne : elle la désiroit avec empressement ; et ce qu'elle m'avoit quelquefois
témoigné de vive voix, se trouve consi-
gné dans une Lettre qu'elle me faisoit
l'honneur de m'écrire : " J'ai bien de
" l'impatience de voir la Vie de la feue
" Reine imprimée. » (1) Elle emporta

_____

(1) Il paroîtra enfin, Dieu aidant, et paroîtra in-
cessamment cet Ouvrage, plus contrarié encore que
ne le fut dans le temps la *Vie du Dauphin*, par ces
Politiques ombrageux, qui craignent toujours que le

cette pieuse impatience dans le tombeau ;
bien plus heureuse, sans doute, d'aller
partager les récompenses immortelles de
la Vertu, que de pouvoir en contempler,
avec nous, le tableau contrastant parmi
les ruines de la Religion et la perversité
de nos mœurs.

Toutes les relations que Mad. Louise
se permettoit au-dehors, avoient pour
objet la Religion, ou ce qui pouvoit y
avoir rapport. Il n'étoit rien qu'elle ne fût
disposée à entreprendre ou à souffrir,
pour procurer la gloire de Dieu et le salut
des Ames. C'est ce qu'elle manifesta dans
toutes les occasions que lui en offrit la
Providence. C'en fut une précieuse à ses
yeux, et qu'elle ne laissa pas échapper,
de pouvoir coopérer à la reconstruction

---

miroir trop éclatant de la vertu ne réfléchisse sur eux
un jour défavorable ; hommes injustes par intérêt et
dangereux par système, dont l'influence irréligieuse
dans le Conseil de nos Rois prépare, depuis un demi-
siecle, et vient de déterminer, enfin, ces horribles
catastrophes qui couvrent la France de deuil, mais qui
n'étonnent point le vrai Sage, qui les voyoit depuis
long-temps, dans les principes de la Religion, comme
résultat infaillible du Philosophisme en faveur.

de l'Eglise de son Monastere, qui menaçoit ruine. Le Roi son Pere lui avoit
promis de la faire rebâtir. Cette promesse
fut pour Louis XVI un engagement sacré,
auquel il satisfit. L'affaire néanmoins oc-
casionna à Mad. Louise une infinité d'embarras et d'inquiétudes, et même quelques
contradictions. Mais elle travailloit pour
la gloire de Dieu, rien ne put rallentir
son zele. « Quoique j'aie renoncé aux
» biens de ce monde, écrivoit-elle, à ce
» sujet, au Supérieur de la Maison, je
» crois que je puis encore désirer que
» notre Eglise soit rebâtie. » Elle le fut
enfin ; et elle offre un chef-d'œuvre en
son genre. Les décorations y répondent
à la noblesse de l'édifice ; et, tandis que
la pauvreté la plus sévere habite l'intérieur du Monastere, l'Eglise et la Sacristie brillent de tout l'éclat des richesses.
On admire sur-tout, parmi les magnifiques ornemens du Sanctuaire, six chan-
deliers et une croix d'argent, présent du
Souverain Pontife à la Princesse. Mais le
trésor le plus précieux à ses yeux que ren-
fermât le Temple, c'étoit, outre un

nombre de Reliques notables , les corps
entiers de plusieurs Saints , que sa piété
y avoit rassemblés de divers endroits du
Monde chrétien. (1)

Avant la construction de l'édifice , et
lorsque la Princesse désiroit avec le plus
d'empressement d'en voir jeter les fon-
demens ; subordonnant son zele pour la
Maison de Dieu au zele plus grand encore de l'observation de sa Loi , elle crut
devoir prendre les mesures les plus effi-
caces , pour empêcher que le Temple
qu'elle faisoit élever au Seigneur ne de-
vînt un sujet de profanation, avant même
qu'il ne fût consacré. C'est dans cette vue
qu'elle écrivoit à M. l'Abbé Bertin : « Ce
qui m'inquiete le plus aujourd'hui, c'est
que , quand on a bâti l'Eglise du Couvent
de Versailles , (2) ni les Religieuses , ni
même mes Sœurs n'ont pu obtenir de

_____

(1) Au nombre de sept : S. Albert , Evèque ;
S. Martial, S. Innocent , S. Valechi , S. Valentin ,
Ste. Justine et Ste. Victoire.

(2) La feue Reine fit construire ce Monastere de ses
deniers patrimoniaux , pour l'éducation chrétienne de
la Jeunesse de Versailles.

Micque qu'on n'y travaillât pas les Dimanches et les Fêtes. Mais je vous avertis que je n'entends pas à cela , et il est temps d'en parler. Il vaut mieux qu'on soit un an de plus à bâtir , et qu'on observe les Préceptes de Dieu et de l'Eglise. Oui , j'aimerois mieux mille fois ne voir jamais notre Eglise rétablie , et courir le risque qu'elle nous écrasât , que de laisser commettre dans notre domicile une profanation comme celle-là. Il n'y a pas à dire ici , que ce sont leurs affaires : c'est la nôtre de nous y opposer ; de prendre des Ouvriers qui suivent les préceptes de l'Eglise , ou de nous en passer. Faites-le promettre à M. Micqué, et par écrit, pour plus de sureté. »

Etrangere dans sa solitude à toutes les affaires du Siecle , qu'elle appeloit *des jeux de cartes* , Mad. Louise ne montroit d'intérêt que pour celles de la Religion ; et, malheureusement, elle eut pendant sa vie de plus fréquens sujets d'en déplorer les pertes , que d'en célébrer les triomphes. Plus d'une fois elle dénonça à l'Autorité les attentats de l'Incrédulité,

enhardie par la connivence ministérielle ;
ces outrages multipliés et toujours im-
punis, faits à la Religion et aux Mœurs ;
ces profanations scandaleuses de nos plus
saintes Solennités ; cette licence effrénée
de la Presse, qui semoit dès-lors tous les
maux que nous moissonnons aujourd'hui.
Mais, trop souvent, son zele non moins
politique, à cet égard, qu'il étoit Religieux, fut méconnu et mal accueilli par
ces Agens de l'Autorité, assez aveugles
dans leur dépravation, pour caresser eux-
mêmes le Monstre qu'il étoit de leur devoir d'étouffer ; et dont, par un terrible,
mais bien juste jugement de Dieu, ils
devinrent les premieres victimes.

Dans l'impuissance de protéger la Religion d'un crédit toujours efficace auprès
de l'Autorité séculiere, Madame Louise
ne négligeoit rien pour encourager les
Défenseurs nés de la Foi ; et, en plus
d'une occasion, on vit l'humble et digne
Fille de Sainte Thérese provoquer, par
son zele, celui des premiers Pasteurs, et
les inviter à s'armer de fermeté et de constance pour combattre l'Impiété philoso-

phiqué ; pour s'opposer au débordement
des mœurs , et rappeler les Fideles au.
devoir sacré de l'obéissance à l'Eglise.
Entre plusieurs preuves que nous pourrions citer, celle qui nous a le plus frap-
pés est une Lettre de la Princesse à
l'Evêque de Clermont. Sollicité par ses
Diocésaíns de leur accorder la dispense
de la Loi de l'abstinence pendant un Carême , le Prélat avoit donné un Mandement à ce sujet ; et, voulant s'environner des lumieres et des conseils de ses
Curés , il les assembla en Synode. Mad.
Louise, informée de ces particularités ,
et comptant assez sur les sentimens d'un
Evêque , Visiteur-général du Carmel ,
lui écrivoit... Permettez à votre Fille de
répandre dans votre cœur paternel toute
l'amertume dont le sien est pénétré de
cette demande qu'on vous a faite. Je suis
bien hardie ; et peut-être vais-je aller
jusqu'à l'impertinence. Mais vous le par-
donnerez à mon zele , et à l'état où l'on
réduit aujourd'hui les Observances de
l'Eglise. Il y a bien long-temps qu'on veut
nous ôter le Carême ; et qui ? des Gens

sans religion. Depuis que l'Eglise existe,
il y a toujours eu des Pays pauvres : la
Loi n'en a pas moins subsisté. Mais,
qui profitera de l'indulgence qu'on sollicite? Sera-ce le Malheureux qui ne mange
que du pain? Non. Sera-ce celui qui se
nourrit de légumes toute l'année et fait
maigre par misere ? Non.... Seront-ce
ceux qui n'ont besoin , pour faire gras ,
que de la permission de leur Curé ? Seront-ce ceux à qui les infirmités ne per-
mettent pas de se nourrir de légumes au
beurre et de poisson ? Non, sans doute...
Mais ce seront les Riches qui, voulant
avoir en maigre une table somptueuse et
chargée de poissons, voudront l'avoir de
même délicieuse en gras... Il en sera de la
suppression du maigre à Clermont comme
de celle des Fêtes à Paris. M. de Beaumont s'est laissé gagner, il y a trois ans,
et nous en a ôté quatorze, sous la promesse que la Police tiendroit la main à
l'observation des autres. Tous les abus
ont recommencé, avant la premiere année expirée ; et hier, Fête des Rois, les

boutiques de Paris étoient ouvertes , et
l'on crioit tout dans les rues...

« Ne cédez pas , mon Pere. Combien
d'Evêques pourroient se laisser entraîner
par votre exemple ? Les bons même di-
ront : M. de Bonal l'a bien fait : c'est un
excellent Evêque, il a de la fermeté , il
est plein de zele ; et, cependant , il n'a
pu refuser cette dispense à ses Diocé-
sains. Et vous aurez sur la conscience ,
non-seulement le gras de votre Diocese ,
mais celui de bien d'autres... On dira encore : il faut croire que M. l'Evêque de
Clermont y a bien réfléchi : sa Dispense
a été précédée d'une Lettre admirable à
ses Curés ; son Mandement fend les
cœurs ; on voit bien qu'il ne cede qu'à
la nécessité. Et cette prétendue nécessité
n'est causée que par le luxe et la dépravation des mœurs. Ah ! mon Pere , sou-
tenez l'Eglise et l'esprit de l'Eglise : ne
vous laissez point entraîner à une fausse
compassion. L'abstinence du Carême une
fois lâchée ne sera plus rétablie ; il en a
été ainsi de l'usage des œufs. Pourra-t-on
même prêcher la pénitence , après l'avoir

énervée pour céder au luxe des tables ?
Mais ici je me tais. S'il est permis de parler , il ne faut pas aller trop loin.

» J'ai vécu trente-deux ans , sans pouvoir soutenir un très-bon maigre : voilà
treize ans que je le soutiens ici , un peu
moins bon que le plus petit bourgeois ;
et, graces à Dieu , je vais commencer
mon treizieme Carême sans œufs , ni
beurre , ni laitage ; et je vous assure ,
mon Pere , que je consentirois à le faire
au pain et à l'eau ; que je consentirois à
bien d'autres choses encore , pour que
vous , saint Evêque que vous êtes , ne
mollissiez pas sur la Loi de l'abstinence ;
et, s'il le falloit, je le signerois de mon
sang.

» Pardonnez-moi , mon Pere , et assu-
rez-moi que cette Lettre ne passe pas les
bornes de la confiance et du respect, que
je dois au caractere d'Evêque et à mon
ancien Pere. »

On croit entendre Pulchérie encourager Ambroise ; et l'on peut dire qu'Ambroise lui-même ne se seroit pas expliqué
avec plus de zele et de lumiere sur le sujet.

Attentive à tout ce qui pouvoit con‑
tribuer à édifier l'Eglise et à ranimer la
piété des Fidelles, Madame Louise en‑
gagea le Souverain Pontife à suivre le
procès de Canonisation de deux Carmé‑
lites, depuis long-temps commencé, à la
sollicitation du Clergé de France, de la
Reine Marie de Médicis et de la Cour
de Vienne. « Je profite de cette occa‑
sion, écrivoit la Princesse à Pie VI,
pour prier Votre Sainteté de vouloir
bien donner ses ordres afin qu'on travaille
à la Béatification de la Vénérable Mere
Anne de Jesus, Carmélite. L'Impéra‑
trice Reine s'y intéresse vivement, et je
partage plus que jamais son désir à cet
égard... » Et le St. Pere répondoit à cette
Lettre : « Nous voyons de plus en plus
combien vous êtes affectée des intérêts
de la Religion : nous voyons que vos
sentimens sont bien dignes de votre vo‑
cation et que vous ne respirez que la
gloire de Dieu... Nous le prierons de tout
notre cœur de nous conduire lui-même,
par son Esprit de conseil et de sagesse,
à ce qu'il veut que nous fassions pour sa

gloire... Car vous le savez parfaitement,
l'issue d'une affaire de cette conséquence
pour l'Eglise n'est en la disposition d'aucune volonté humaine. » L'Ambassadeur
de France à Rome, à la recommandation
de Madame Louise, suivit cette affaire,
de concert avec le Ministre de Vienne.
La sage lenteur des formes établies pour
la Canonisation des Saints, empêcha que
la Princesse ne recueillit le fruit de ses
pieuses sollicitations : mais l'instruction
du procès ayant été continuée, le 15 Octobre 1788, le Souverain Pontife déclara,
par un Décret solemnel, l'*héroïsme des
Vertus* des deux Saintes Religieuses, à
la gloire desquelles Madame Louise s'intéressoit. Par un nouveau décret, du 10
Avril 1791, le St. Pere approuva trois
miracles, opérés par l'intercession de la
Mere Marie *de l'Incarnation ;* et le jour
de Pâques, 24 du même mois, il conclut
par un Jugement solemnel, pour la Canonisation de la Sainte, dont la Cérémonie
fut fixée au 5 Juin suivant, et célébrée
avec la plus grande solemnité dans la Ba-
silique de St.-Pierre. Circonstance assez

remarquable , c'est que Madame Louise
fut en quelque sorte représentée à cette
Fête par les deux Princesses ses Sœurs,
que nos malheurs et leur piété avoient
conduites à Rome. Quant à la Vénérable
Mere *Anne de Jesus*, le Souverain Pontife a cru devoir attendre encore de nouvelles lumieres d'en-Haut pour décréter
sa Canonisation. Plusieurs miracles au-
thentiques , opérés par son intercession ,
et qui ne laissent aucun doute sur sa sainteté , ne suffisent cependant pas encore
pour qu'elle soit proclamée par l'organe
de l'Eglise universelle.

Le zele avec lequel Madame Louise
se portoit à faire glorifier Dieu dans ses
Saints étoit conforme à celui qu'elle marquoit pour encourager ou établir la Sainteté sur la Terre. Rien , après la gloire
de Dieu , ne l'intéressoit autant que le
salut des Ames. Parmi les preuves multipliées qu'elle en offrit pendant sa vie ,
il en est peu de plus touchantes que
les soins qu'elle se donna pour conserver
les avantages de leur saint état aux Religieuses sécularisées , et sur-tout aux Car-

mélites du Brabant et de la Flandre
Autrichienne. Ces saintes Filles, déso-
lées de voir tomber les murs de leur solitude , tournerent leurs regards vers la
France , dans la confiance qu'une grande
Princesse, devenue leur Sœur par la Religion , pourroit adoucir la rigueur de
leur sort et leur procurer, sinon dans leur
Patrie, du moins dans une Terre étrangere, les moyens de rester fidelles aux
promesses qu'elles avoient faites au Seigneur. Leur espérance ne fut point vaine.
Tout ce qu'on peut attendre d'une Ame
généreuse et d'un Cœur religieux et com-
patissant , elles l'éprouverent de la part
de Madame Louise. La pieuse Princesse
jugeant, par l'amour qu'elle avoit elle-
même pour sa solitude, de la cruelle situation de ces Vierges fidelles arrachées
à leur sanctuaire, entra avec empressement dans leurs peines , s'affligea de toute
leur affliction , et promit à Dieu que,
désormais , tous leurs besoins seroient les
siens. L'esprit de son état lui avoit fait
oublier depuis long-temps qu'elle étoit
Fille de France , l'esprit de son état

l'en fit ressouvenir en cette occasion.
Elle s'adressa au Roi son Neveu en faveur
de ces Religieuses, avec toute la confiance que pouvoit lui inspirer et la cause
et Celui qu'elle lui donnoit pour Protecteur. Louis XVI lui accorda tout ce
qu'elle lui demandoit, charmé de pouvoir, par {un seul acte de sa volonté,
donner tout à la fois une preuve de son
attachement à Madame Louise, de sa
compassion envers les Malheureux et de
son zele pour la Religion.

Ce ne fut point assez pour Madame
Louise d'accorder sa protection aux Religieuses qui la lui demandoient, elle
l'offrit à celles même qui ne songeoient
pas à la réclamer : elle les invita, elle les
pressa de venir se réunir à leurs Sœurs
de France. « Au nom de Dieu ma Révérende Mere, écrivoit-elle à une Prieure,
venez en France pratiquer ce que vous
avez voué au Seigneur.... Ne vous laissez point abattre, et donnez bien du courage aux autres Communautés. Nous
sommes ici toutes en prieres pour vous,
comme les Fideles de la primitive Eglise

au

au temps des persécutions,.. Si j'osois
vous prêcher , je vous dirois encore , de
penser au courage qu'a eu notre Sainte
Mere pour établir sa réforme , et à tout
ce qu'elle a souffert , la prison presque ;
et cela sous un Roi pieux. C'est un bel
exemple à méditer.... »

C'étoit avant même d'avoir l'agrément
du Roi que Madame Louise , connoissant
le cœur de ce Prince, et sûre de ses sentimens , s'empressoit d'offrir à ces pieuses
Etrangeres l'hospitalité dans ses Etats.
Lorsque le Monarque eut donné son consentement , elle leur écrivit : « J'ai vu
hier LE ROI, qui a entendu le Salut dans
notre Chœur avec MONSIEUR. Je lui ai
parlé de vous et de vos Filles. Il consent
bien volontiers à ce que vous veniez vous
réfugier dans son Royaume ; et je me
hâte de vous le mander ; afin qu'il ne
vous reste plus d'inquiétude. » Ce consentement verbal que Louis XVI avoit
donné à Madame Louise , il le fit confir-
mer par une Lettre de son Ministre à la
Princesse. « Sa Majesté , lui écrivit le
Comte de Vergennes , m'autorise à dire

à MADAME, qu'elle consent à ce qu'elle
fasse venir en France et donne asile dans
les Monasteres des Carmélites , à celles
des Religieuses de cet Ordre qui , ayant
été sécularisées dans les Pays-Bas , désirent de vivre et de mourir dans la regle
qu'elles ont embrassée. Sa Majesté s'en
remet entiérement à MADAME touchant
le nombre qu'elle voudra en admettre ,
et la distribution qu'elle trouvera bon d'en
faire. J'ai déjà prévenu M. de Vilegas-
d'Esteimbourg , que c'étoit de MADAME
uniquement qu'il devoit recevoir des
ordres. »

M. de Villegas-d'Esteimbourg , con-
seiller en la Cour souveraine de Brabant ,
fut , de tous les Cœurs religieux et sensibles qui s'intéresserent au malheur des
Carmélites et des autres Religieuses per-
sécutées dans les Pays-Bas , celui qui osa
les protéger avec le plus de courage , et
qui se montra leur Consolateur le plus
généreux. Ce vertueux Magistrat , par
son zele , ses lumieres et le crédit que
donne une grande réputation de probité ,
seconda parfaitement Madame Louise ,

qui lui écrivoit en ces termes : « J'ai reçu
de M. de Vergennes une Lettre pareille à
la vôtre ; ainsi vous voilà absolument établi, par le Roi mon Neveu, mon corres-
pondant dans la bonne œuvre ; car c'en
est une que de recevoir dans notre Con-
grégation de France les Carmélites de
Flandre qui voudront persévérer dans les
engagemens sacrés qu'elles ont jurés en
face des Autels. Il n'y a pas une de nos
Maisons qui n'en demande, aucun des
Individus qui les habitent qui ne préfere
le salut de ces Ames à tous les intérêts de
ce monde. »

On ne peut rien voir de plus pressant,
et de plus touchant en même temps, que
les Lettres par lesquelles la pieuse Princesse s'efforçoit de relever le courage de
ses Sœurs affligées, et d'ouvrir leur cœur
à la consolation. En invitant la Prieure
du Couvent de Bruxelles à amener, avec
ses Religieuses, celles de tous les autres
Monasteres des Pays-Bas qui voudroient
suivre son exemple, elle lui dit : « MM.
nos Supérieurs les distribueront dans les
Maisons les moins pauvres. Ils savent

B. 2

bien qu'en quittant la Flandre elles n'ont
pas de pension à attendre de l'Empereur.
Celles qui en ont de leurs Familles les gar-
deront ; mais nous n'y tenons pas : nous
voulons seulement faire la bonne œuvre.
J'espere, ma Révérende Mere, que nous
en aurons notre bonne part et que vous
serez dans notre lot.

» Tout ce que nous désirons pour notre
récompense, c'est le corps de notre Vénérable Mere *Anne-de-Jesus*, qui a été
notre Fondatrice en France avant d'être
la vôtre, ainsi que la Mere *Anne-de-St.-
Barthélemy*. Si ceux qui font votre in-
ventaire veulent les Reliquaires, laissez-
les leur ; mais apportez-nous les reliques.
Nous nous trouverons trop heureuses de
posséder ces précieux dépôts, et de vous
rendre service en bonnes Sœurs....

» Ce n'est pas d'aujourd'hui que M.
l'Abbé Bertin m'a témoigné sa bonté paternelle pour vous. Il m'a souvent dit,
qu'assurément nous devions recevoir nos
pauvres Sœurs, dussions-nous ne manger que du pain, pour pouvoir le partager avec elles.... J'espere que tout ira

bien. J'écris à M. de Villegas, qu'il me mande à-peu-près le jour que vous arriverez. O ma Mere , que je suis occupée de vous ! Dans quel état sont vos cœurs! En quittant la Flandre , vous quittez Patrie, Parens, Amis, Directeurs, enfin généralement tout. Nous ne songerons qu'à vous apporter quelque consolation. Notre Maison est fervente, fort unie, un peu stricte pour la dureté de la vie ; mais il y a une charité inexprimable, non-seulement en maladie, mais en état de souffrance. Mon Noviciat est très-fervent, et même trop. ; ma peine est de modérer son zele. J'espere, ma Révérende Mere , que vous serez heureuses dans votre exil: vous êtes déjà toutes dans nos cœurs. »

De tels sentimens ne pouvoient manquer de pénétrer de reconnoissance celles qui en étoient l'objet, et plus particuliérement encore les Carmélites de Bruxelles, destinées à habiter la Maison de St.-Denis. Aussi leur empressement à accepter la faveur fut-il proportionné à la charité qui l'offroit. Se renfermant néanmoins dans les bornes de la modestie qui convient à

l'infortune, ces saintes Filles, en rendant
graces à Mad. Louise du bonheur qu'elle
leur procuroit de pouvoir vivre et mourir
dans leur Saint état, la supplierent, dans
les termes les plus pressans, de mettre
le comble à ses bontés pour elles, en leur
accordant d'occuper toute leur vie les
dernieres places dans la Communauté, et
de n'y avoir jamais voix active, ni pas-
sive. La Princesse leur répondit qu'elles
lui demandoient l'impossible : que les
conditions auxquelles elles désireroient
d'être reçues n'étoient pas même de nature à pouvoir être proposées à la Communauté : que ne devant désormais faire
qu'un cœur, elles ne pouvoient plus
aussi faire qu'un corps ; et qu'ainsi chacune d'elles prendroit, dans la Maison
de St.-Denis, le rang qui lui échéeroit
suivant la date de sa Profession dans le
Monastere de Bruxelles. Entrant dans les
vues de Mad. Louise, M. l'Abbé Bertin
écrivit, de son côté, à celles qui devoient
bientôt le reconnoître pour Supérieur,
que leur premier acte d'obéissance, à
St.-Denis, devoit être de ne pas vouloir

mettre de bornes à la charité de leurs
nouvelles Sœurs : et, dans ce combat
édifiant, l'Humilité fut obligée de céder
à la Générosité.

Tout étant réglé au gré de la Princesse
sur le sort de ces pieuses Exilées ; pour
mettre le comble à la faveur qu'elle leur
faisoit, elle leur procura des voitures
particulieres, et leur adressa un Ecclésiastique de confiance, pour être leur
Conseil dans les derniers instans qu'elles
passeroient dans leur Patrie , et leur
guide sur la route. Mais , tandis que la
charité de Mad. Louise s'empressoit ainsi
d'ouvrir à ses Sœurs le seul asyle qui
convînt à leur état , et vers lequel tous,
leurs désirs les portoit, le monde, de
son côté, touché d'une fausse pitié , leur
offroit des consolations d'un genre tout
différent, et analogue à ses sentimens.
Il n'est point de représentations qu'on
n'employât, point de promesses qu'on
ne leur fît pour les détourner du dessein
de passer dans une terre étrangere. Aux
unes on opposoit leur grand âge ou leurs
infirmités ; aux autres, des Parens aisés

et des Amis officieux offroient les douceurs d'une retraite paisible ; à toutes on
objectoit le danger d'essuyer un jour en
France , où l'Incrédulité faisoit de si
grands progrès, un second désastre sem-
blable à celui qu'elles déploroient. Les
amis même de la vertu eussent voulu re-
tenir auprès d'eux celles qui s'en mon-
troient les héroïnes. « Ce sont de vraies
Martyres, écrivoit à ce sujet leur pieuse
Libératrice. Elles ont à combattre non-
seulement la chair et le sang , mais les
Casuistes même , les Directeurs et tous
ceux qui devroient le plus les soutenir. »
Fidelles néanmoins à la Loi du devoir ,
elles repoussèrent avec courage les offres
les plus séduisantes. « Que me proposez-
vous , répondoit une des plus vieilles et
des plus infirmes? Sachez qu'avec mes
jambes paralysées je me traînerois au bout
du monde , s'il le falloit, pour aller mourir dans un Monastère et sous l'habit de
Ste. Thérese. » Plusieurs de ces Saintes
Filles , en se rendant en France , trou-
verent sur leur route la maison de leurs
Parens , passerent devant la porte et n'y

entrerent pas. On imagina, pour ébranler
le courage inflexible de l'une d'entr'elles,
de lui porter la nouvelle supposée de la
mort d'un Pere qu'elle chérissoit. Elle
pleura son Pere, pria pour lui; et, laissant aux morts le soin d'ensevelir les
morts, elle vola où Dieu l'appeloit.

Le Conseil qu'avoit donné Mad. Louise
à ses futures Compagnes, d'apporter avec
elles les Corps précieux dont elles étoient
dépositaires, éprouva, dans l'exécution,
quelques difficultés de la part des deux
Autorités; et le Cardinal-Archevêque de
Malines, ce Prélat vénérable, le BEAU-
MONT de la Belgique, par sa fermeté à
s'opposer aux innovations religieuses, et
par des vertus dignes des siecles aposto-
liques, écrivoit à ce sujet à la Princesse:
« Je vous avouerai, Madame, que c'est
à regret que je vois partir les corps des
Saints de notre pays, et particuliérement
de mon Diocese; envisageant cette translation comme un pronostic de malheurs,
et un surcroît à l'affliction que me cause
le bouleversement des Couvens. S'il ne
s'étoit pas agi de déférer à votre demande

pleine de piété, et de faciliter la Canonisation de la vénérable Mere *Anne-de-*
Jesus, j'aurois cru qu'il étoit de mon.
devoir de m'y opposer. »

. Arrivées enfin à St.-Denis, et intro-
duites auprès de leur généreuse Libératrice, les Carmélites de Bruxelles se
jettent à ses pieds, et leurs larmes sont
la premiere expression de leur reconnoissance. Madame Louise, en se met-
tant à genoux avec elles, les oblige de se
relever, les embrasse avec tendresse, et
ne leur permet pas même de prononcer
le mot de reconnoissance. « Vous ne nous
devez rien, nos chers Sœurs, leur dit-
elle; c'est nous qui vous devons tout.
Vous nous apportez vos personnes avec
vos bons exemples; et, pour dot, les
Corps des Saints; trésor plus précieux à
nos yeux que tout l'or du monde. Si
vous deviez quelque chose à quelqu'un,
ce seroit au Roi beaucoup plus qu'à nous;
mais les prieres que vous ferez pour lui ne
le dédommageront-elles pas bien ample-
ment de ce qu'il fait pour vous ? Songez
actuellement que vous êtes dans votre

Maison. » Tandis que la Princesse parloit ainsi , en présence des deux Communautés réunies en une seule , les larmes
couloient de tous les yeux ; et il eût été
difficile de démêler si elles étoient don-
nées au souvenir des malheurs passés ou
à la joie du bonheur actuel. Depuis ce
moment, celles qu'on avoit ainsi accueil-
lies dans la Maison ne s'aperçurent jamais
qu'elles y étoient étrangeres , qu'aux
soins empressés de Madame Louise et de
toute la Communauté pour le leur faire
oublier.

Dans le temps que le zele de la Princesse offroit cette scene attendrissante à
la Maison de St.-Denis , un nombre d'autres Monasteres , dans le Royaume, lui
devoient l'avantage de jouir du même
spectacle ; et deux cent soixante Religieuses de différens Ordres supprimés en
Flandre , la bénissoient en France comme
l'Ange de la Providence sur elles. Toute
une Communauté de Religieuses de Ste.
Claire , de la ville de Gand , en passant
par St.-Denis pour se rendre dans l'asyle
que Madame Louise leur procuroit en

B 6

Franche-Comté, s'empresserent d'aller
offrir à leur Bienfaitrice le tribut de leur
reconnoissance. Arrivées en sa présence,
le sentiment profond qui les pénetre, ne
leur permet de s'exprimer que par le silence du respect et les larmes de l'attendrissement. Elles tombent aux pieds de
Madame Louise, qui se prosterne comme
elles, en s'écriant : « Que faites-vous
donc, mes cheres Sœurs ? n'êtes-vous
pas Religieuses comme moi, et bien au-
dessus de moi devant Dieu, par les sacrifices que vous faites à la Religion et à
notre saint état? Asseyez-vous, de grace,
ou je reste à vos pieds. » Il fallut encore
que celles qui se croyoient si petites devant la Fille d'un Roi de France, souf-
frissent qu'elle leur baisât les mains à
toutes, en leur disant : « C'est ainsi que
» la Religion doit honorer celles qui ont
» le courage de confesser la Religion. »
Dans l'étonnement et l'admiration de l'accueil empressé que leur fait la Princesse,
ces pauvres Filles déliberent sur les
moyens de lui en marquer leur reconnoissance, et n'en imaginent pas de plus

convenable que d'offrir à sa piété l'unique
trésor qu'elles possèdent au monde et
qu'elles portent avec elles : c'étoit une
Relique notable de Sainte Colette, leur
Fondatrice. Madame Louise, voulant
leur ménager la jouissance et le mérite
de la gratitude, accepta leur pieux don,
l'exposa à la vénération de la Communauté, passa elle-même une grande partie
de la nuit en prieres devant les Reliques
de la Sainte ; et le lendemain, lorsque les
Religieuses furent sur le point de partir :
« Vous m'avez fait votre présent, leur
» dit-elle, je veux vous faire le mien : je
» vous rends ce trésor, trop précieux
» pour que vous ne l'offriez pas à la Mai-
» son qui va vous recevoir. » Elle les
obligea de le reprendre.

La joie que ressentoit la pieuse Princesse du succès de ses soins en faveur d'un
grand nombre de ses Sœurs, fut un peu
troublée par la foiblesse de celles qui res-
terent dans le monde. Il n'est pas de
moyens qu'elle n'employât, pas d'exhortations qu'elle ne leur fît, pour leur ouvrir les yeux sur le danger auquel elles

exposoient leur salut. Elle leur représenta que les engagemens qu'elles avoient
contractés au pied des Autels , étant ab-
solus , et sans réserve ni de temps ni de
lieux , rien ne pouvoit les en dispenser
que la seule impuissance d'y être fidelles :
motif qu'elles ne pouvoient pas alléguer,
puisque la Providence leur ouvroit en
France l'entrée des Monasteres de leur
Ordre. Elle ne leur laissa pas ignorer que
tel étoit le sentiment des Casuistes les
plus éclairés et du Souverain Pontife lui-
même , consulté sur ce point. Cependant,
l'indifférence des Sujets, et l'inutilité de
ses charitables démarches pour les rappeler au devoir, ne purent rebuter la
Thérese de la France. Ses Sœurs égarées
étoient toujours ses Sœurs, et le tendre
objet de sa sollicitude. Elle plaignoit
celles qui, ne sachant point apprécier la
sainteté de leurs engagemens, cédoient si
imprudemment à la facilité de s'y soustraire. Elle ne cessoit de prier pour elles,
et de les appeler par tous les vœux de
son cœur. « Espérons , écrivoit-elle
dans ces circonstances , espérons encore

de la miséricorde du Seigneur , du cri de
la Religion , des remords d'une conscience rendue à elle-même ; espérons de
la continuité et de la ferveur de nos vœux ,
qu'elles imiteront enfin l'exemple de leurs
anciennes Compagnes... Qu'elles viennent
seulement , qu'elles viennent : nous ou-
blierons que , pendant trop long-temps ,
elles furent sourdes à nos invitations ,
pour ne songer qu'à les consoler d'être
venues si tard : pour nous féliciter d'avoir
recouvré , et de pouvoir enfin embrasser
des Sœurs , que nous craignions d'avoir
perdues pour toujours. »

Avec de tels sentimens , Mad. Louise
pouvoit bien être édifiée , mais elle n'étoit
nullement étonnée des sacrifices que les
Religieuses des Pays-Bas faisoient à leur
vocation : et , comme une Personne paroissoit les plaindre en sa présence de tout
ce qu'il leur en avoit coûté pour s'arracher à leur Patrie : « Ce ne sont pas , dit
» la Princesse , celles qui saisissent une
» si belle occasion de marquer leur fidé-
» lité au Seigneur que nous devons plain-
» dre , mais celles qui la laissent échapper.

» Nous devons plaindre encore tant d'ames
» qui auroient, dans la suite des temps,
» trouvé le salut dans des Retraites qui
» leur sont désormais fermées. » Ce zele
du salut des ames étoit si naturel et si
vif en elle que, quelquefois, il se pro-
duisoit par les élans d'une charité digne
de Saint Paul. « Tout mon but, dans ce
» que j'ai fait pour l'Ordre, écrivoit-elle
» à une Religieuse réfugiée en France, a
» été de sauver des Ames, pour lesquelles
» je donnerois jusqu'à la derniere goutte
» de mon sang, à l'imitation de notre
» divin Epoux. »

Informé de tout ce que sa charité avoit
fait faire à Mad. Louise, en faveur des
Religieuses sécularisées dans les Pays-Bas,
le Pape Pie VI lui adressa un Bref de fé-
licitation, où il lui dit, entre autres choses : « Nous reconnoissons maintenant
» mieux que jamais les vues de Dieu sur
» vous. Ce n'est pas seulement pour votre
» sanctification particuliere qu'il vous a
» conduite dans la retraite où vous vous
» êtes consacrée à lui ; il vous destinoit
» encore à être le refuge de ces pauvres

» Etrangeres qui, ne reconnoissant plus
» dans leur Pays le chemin qu'elles avoient
» pris pour sauver leurs ames, l'ont re-
» trouvé auprès de vous et beaucoup plus
» fréquenté que chez elles. »

. Que le Philosophe, j'entends le Chrétien, s'arrête ici, et qu'il médite sur les
voies incompréhensibles de la Providence
et sur l'instabilité des choses humaines !
Ces mêmes Religieuses, exilées de leur
patrie par un Prince trompé, et accueil-
lies en France par Madame Louise ; ré-
tablies depuis dans leurs Monasteres, et
sures d'y vivre désormais en paix sous
l'Empire d'un Prince juste et sage ; of-
frent à leur tour l'hospitalité à celles de
qui elles l'ont elles-mêmes reçue, et qui
gémissent en ce moment, et n'osent gémir
qu'en secret sous les poignards du Philosophisme françois.

Une autre occasion d'édifier l'Eglise et
de contribuer au salut des Ames, parut
précieuse à Madame Louise, et sa piété
ne la laissa pas échapper. Un petit nombre
de Religieux Carmes déchaussés, qui désiroient de vivre dans l'exacte observance

de leur Regle, la supplierent de leur procurer les moyens de se soustraire aux
adoucissemens qu'on y avoit introduits.
La Princesse, après avoir pris conseil de
l'Archevêque de Paris, M. de Beaumont,
et du St. Evêque d'Amiens, M. de la
Motte, exposa le désir de ces fervens Religieux à Louis XV, qu'elle disposa aisément en leur faveur. Sûre de la protection du Roi, elle écrivit au Pape en ces
termes : « TRÈS-SAINT PERE, je n'oublierai jamais la tendresse paternelle avec
laquelle VOTRE SAINTETÉ m'a invitée,
par son premier Bref, à lui demander
tout ce que je pourrois désirer d'Elle.
C'est donc avec la plus grande confiance
que je m'adresse aujourd'hui à VOTRE
SAINTETÉ, dans une des occasions les
plus intéressantes où elle puisse effectuer
les sentimens qu'elle a bien voulu me
témoigner.

» Parmi les Carmes déchaussés établis
en France, il y en a plusieurs, T. S. P.,
qui souhaitent ardemment d'observer leur
Regle avec toute l'exactitude primitive ;
et ils en sont empêchés à présent par le

relâchement introduit parmi ceux avec
lesquels ils sont confondus.

» J'ai porté aux pieds du Roi les vœux
et les demandes de ces bons Religieux. Il
les trouve tout-à-fait justes et raisonna-
bles; et, après en avoir conféré plusieurs
fois avec M. l'Archevêque de Paris, il
ne demande, T. S. P., que le consentement de VOTRE SAINTETÉ; et il fera,
de son côté, tout ce qui sera nécessaire
pour leur assurer la grace que vous leur
aurez accordée. Il m'a permis de vous
écrire, et m'a même promis de faire appuyer mes sollicitations par celles que
vous fera de sa part M. le Cardinal de
Bernis, son Ambassadeur auprès de VOTRE
SAINTETÉ...

» N'y eût-il qu'une Maison qui em-
brassât la réforme, elle sera, sous la protection du Roi, une pépinière qui, tôt
ou tard, fournira de quoi en former d'autres; peut-être de quoi renouveler tout
l'Ordre en France, et ce sera un exemple
pour tous les autres Ordres. Mais, quand
toutes ces espérances seroient vaines;
qu'il ne soit pas dit, T. S. P., que, sous

le pontificat d'un Pape qui a donné l'habit,
du Carmel à la Fille d'un Roi de France,
il n'a pas été permis aux Carmes de
France d'être fidelles à leur Regle : et,
vraiment, vous leur en refuseriez le seul
moyen, si vous leur refusiez le Bref qu'ils
désirent. Mais VOTRE SAINTETÉ ne le leur
refusera pas, j'en ai la ferme confiance.
Vous ne le refuserez pas à une fidélité
qui, seule et sans protection, mériteroit
d'être accueillie. Vous ne le refuserez pas
au Roi qui, en vous le demandant, vous
donne une nouvelle preuve de son respect filial, de son attachement à la
Religion, et de l'estime qu'il fait de la
régularité monastique. Vous ne le refuserez pas à une Fille de Ste. Thérese qui,
en s'intéressant pour ces bons Religieux,
ne fait que suivre les traces de sa Ste.
Mere. Vous ne le refuserez pas à votre
Fille spirituelle, que vous avez prévenue
de tant de témoignages d'une bonté paternelle, et que vous avez invitée à vous
en demander de nouveaux. Vous ne le
refuserez pas à tant de saints Religieux
qui, dans tous les Ordres, gémissent du

relâchement universel, et demandent à
Dieu une ressource qu'ils trouveroient
dans cet exemple. Enfin, vous ne le refuserez pas à toute l'Eglise qui, scanda-
lisée de tant d'irrégularités, s'afflige de
n'y pas voir du moins une exception écla-
tante, propre à en susciter d'autres. »

Mad. Louise accompagna cette Lettre
au Pape d'une Instruction au Cardinal de
Bernis, auquel elle observe que les Religieux qui sollicitent la réforme, ne demandent uniquement qu'à suivre leur
Regle telle qu'elle leur est prescrite par
leurs Constitutions. « Mais il est impossible, ajoute-t-elle, que des Religieux
attachés à la rigueur de leur Regle, puissent la pratiquer dispersés parmi ceux
qui ne la pratiquent pas... Si c'est une
condescendance nécessaire de ne pas for-
cer ceux-ci à observer leurs vœux, c'est
une justice indispensable de procurer aux
autres la liberté d'y être fidelles; et il n'y
a qu'une séparation qui puisse concilier
ces deux choses. Je vous prie, Monsieur,
de mettre tout votre esprit à bien faire
sentir tout cela; et c'est vous demander

beaucoup pour peu de chose; car cela est visible... »

Il eût été difficile de mieux plaider une si bonne cause ; aussi le zele de la pieuse Princesse fut-il récompensé de tout le succès qu'il méritoit. Le Souverain Pontife lui accorda le Bref qu'elle sollicitoit ; et le Roi le fit exécuter, en donnant aux Religieux qui en étoient l'objet la permission de se retirer dans le Couvent de Charrenton. « Vous ne serez pas fâché, écrivoit Mad. Louise au Cardinal de Bernis, que je vous donne des nouvelles du Bref que vous nous avez envoyé.... Aussitôt, la Regle en mains, la Maison a été remontée, et elle est aujourd'hui comme si elle sortoit des mains de Ste. Thérese. La petite famille s'est déjà augmentée ; mais ses accroissemens seront bien autrement considérables, s'il plaît à Dieu, lorsque la nouvelle de cet asyle ouvert à la régularité se sera un peu répandue... » Les Religieux de Charenton, depuis cette réforme, ont constamment offert le spectacle de la plus édifiante régularité.

Le zele de Madame Louise fut plus

contrarié, mais non moins heureux, à
la poursuite d'une autre bonne œuvre,
qu'elle entreprit par des motifs également
dignes de sa piété. Quelques personnes
annonçoient depuis long-temps le désir
d'offrir à la ville d'Alençon des Modeles
de vertu dans un Monastere de Carmélites, sans avoir pu faire lever les obstacles qui s'opposoient à leur dessein.
Madame Louise, à la priere qu'on lui en
fait, agit, sollicite, obtient deux fois
des Lettres-Patentes, fait applanir des
difficultés sans nombre, et ne soupçonne
pas qu'il puisse en rester d'autres. La
maison qui doit recevoir les Religieuses
est préparée; les Religieuses qui doivent
l'habiter sont appelées; elles arrivent, et
c'est en ce moment que la Dame qui se
porte pour principale Fondatrice de cet
établissement, expose des prétentions
incompatibles avec la régularité dans un
Monastere de Carmélites, et que, sur le
refus qu'on lui fait d'y acquiescer, nouvelle Saphire, elle rétracte ses dons sacrés, et laisse sans ressources et sans asyle
celles qu'elle avoit appelées par les vœux

les plus empressés et les promesses les
plus magnifiques. En apprenant ce trait
de bizarrerie , qui rendoit toutes ses peines et ses démarches inutiles , Madame
Louise , forte de la pureté de ses motifs,
bénit la Providence , comme elle eût fait
pour un succès complet , et se contenta
de dire : « Cette Dame vouloit l'établissement lorsqu'elle y voyoit des obstacles
insurmontables , et cesse de le vouloir au
moment où ces obstacles ont disparu ;
mais , si c'est l'œuvre de Dieu , sa Providence saura bien trouver d'autres moyens
d'en procurer la réussite. » Sa seule peine
étoit de ne pas réunir sur elle seule les
embarras et les inquiétudes où se trouvoient ses Sœurs , obligées de mendier
un asyle , après avoir été éconduites de
leur nouveau Monastere. Elle les encourageoit et les consoloit en écrivant à leur
Prieure : « Vous voilà donc tout au long
sur la Croix , ma chere Mere , vous et vos
Filles. Ne vous flattez cependant pas d'y
être si solitaires que nous n'y soyions avec
vous... J'attends ces jours-ci M. l'Abbé
Rigaud , et peut-être allons-nous savoir
quelque

quelque chose. Ce que je sais bien , c'est que je serois désolée si je ne savois qu'il y a dans cette affaire , pour vous et pour nous , une bonne provision de munitions pour notre véritable Pays , la Jérusalem céleste , où l'on pourra habiter sans faire enregistrer de Lettres-patentes. »

Bientôt , la Providence servit le zele et la confiance de Madame Louise. Un vertueux Ecclésiastique de la ville de Chartres se substitua à la Dame qui rétractoit ses dons ; et MONSIEUR , après s'être déclaré le protecteur de l'établissement délaissé , en devint le bienfaiteur généreux. « J'ai donné des ordres , écrivoit ce Prince à sa Tante , pour consolider le don que j'ai fait aux Carmélites d'Alençon ; et , s'il est besoin de faire quelques démarches pour accélérer la conclusion de cette affaire , je les ferai volontiers. » C'est ainsi que tout se termina au gré de la pieuse Princesse ; et ce fut une grande consolation pour elle , de voir un nouveau Sanctuaire de Vierges chrétiennes ouvert à la piété des personnes de son sexe , et à l'édification publique.

Etrangere , dans sa solitude , à tous les
intérêts du Siecle , Mad. Louise ne rappeloit le souvenir de son existence à la
ville de St.-Denis , que par les effets de
son zele pour le salut des Ames , et en
procurant aux habitans du lieu une plus
grande abondance de secours spirituels ,
et plus de moyens sur-tout de nourrir
leur foi de la parole de Dieu. Le salut
d'une seule Ame étoit aux yeux de sa
charité un objet digne des négociations
des Puissances de la Terre. Une jeune
Personne , Angloise de nation , qui désiroit de se faire Religieuse en France , et
ne pouvoit obtenir le consentement nécessaire de son pere , intéressa Madame
Louise à son sort. La Princesse pria le
Roi de charger son Ambassadeur en An-
gleterre de travailler à faire lever la difficulté. Louis XV se prêta au vœu de sa
Fille : son Ministre négocia l'affaire auprès du citoyen Anglois qui , flatté de
pouvoir faire chose agréable à un Roi de
France , se rendit aussitôt à la demande
qui lui fut faite. Madame Louise eut la
double consolation par-là , de procurer à

la jeune Angloise les avantages du saint
état qu'elle désiroit, et de la soustraire ,
en même-temps , aux dangers de la foi
qui l'attendoient dans sa Patrie.

Ce zele de la Princesse pour le salut
des Ames, on le vit se manifester encore
d'une maniere bien touchante , dans la
circonstance du retour d'une Religieuse ,
que l'esprit d'erreur avoit autrefois portée
à s'échapper de son Monastere. Frappée
du grand exemple de la Fille de son Roi,
qui se sanctifioit dans la Maison qu'elle
avoit elle-même abandonnée, la Fugitive
s'occupoit des moyens d'y rentrer , après
avoir passé trente ans dans le monde sous
l'habit séculier. Informée de cette nouvelle , Madame Louise , alors Prieure ,
sans songer à faire acheter à la Pénitente
la grace de sa réconciliation , par des
délais et des prieres , lui tend les bras et
l'appelle par tous les vœux de son cœur.
« Jugez , écrivoit-elle à ce sujet à M.
» l'Abbé Bertin, quelle consolation nous
» aurons de son retour, et avec quelle
» joie nous la recevrons. »

Cette fille, Religieuse du voile blanc,

étoit dans l'âge de la décrépitude, et chargée d'infirmités. Mais ces dehors peu at-
trayans cachoient une Ame précieuse à
Jesus-Christ ; c'est tout ce que voyoit
Madame Louise. Dès qu'elle apprend son
arrivée au Couvent, elle vole à sa ren-
contre, ne lui laisse pas le temps de demander pardon, l'embrasse tendrement
et l'arrose des larmes de sa joie. Toute la
Communauté présente en verse également, non moins touchée de la charité
de sa Prieure, que de l'heureux retour
de celle qui en est l'objet.

Dans l'effusion du sentiment qui la trans-
porte, la pieuse Princesse, en ce jour
de Fête, semble dire à tout le monde,
comme la Femme de l'Evangile : *Felici-
tez-moi sur mon bonheur.* « Quelle bonne
nouvelle j'ai à vous apprendre, écrivoit-
elle à l'Evêque de Clermont : une de nos
Apostates depuis trente ans est arrivée
hier. Nous lui avons rendu le saint habit
avec la plus grande joie. Elle est bien re-
pentante et annonce qu'elle veut être ins-
truite et se soumettre à la vraie Foi...

Elle est âgée de quatre-vingt-onze ans et paralytique des jambes, mais n'a pas mal à sa tête, de bonnes oreilles et une langue bien déliée... Priez Dieu pour elle; faites prier toutes nos Sœurs, et remerciez le Seigneur de la grace qu'il me fait, de recevoir cette Brebis égarée dans notre Troupeau, pendant que je le conduis, toute indigne que j'en suis. Elle fait la quarantieme; mais, si les autres veulent revenir, nous trouverons bien encore de la place pour elles. »

Elle écrivoit, dans le même temps, à-peu-près la même chose à un Visiteur de l'Ordre, et au Supérieur de la maison: « Notre vieille Fille de quatre - vingt-onze ans est arrivée hier. J'espere que nos bonnes façons, nos prieres et nos exhortations la rameneront. Elle a été dans une grande joie de reprendre notre saint habit, et a beaucoup pleuré de l'avoir quitté. Elle a dit, en présence de toute la Communauté qui fondoit en larmes, qu'elle étoit catholique, apostolique et romaine. Joignez vos prieres aux nôtres, pour que

nous sauvions cette pauvre Ame. Nous
faisons à cette intention une Neuvaine au
cœur de Marie... Elle nous disoit, l'autre
jour, qu'avec le Jansénisme tous les maux
étoient entrés dans la maison... Comment
est-il possible, lui disois-je, qu'on vous
ait persuadée à ce point? est-ce que vous
n'entendiez pas parler pour la bonne doc-
trine? Non, ma Mere, m'a-t-elle dit,
tout ce qui nous parloit, et tout ce qui
nous entourroit étoit Janséniste, et l'on
nous disoit que, de quitter notre maison
pour aller en Hollande, c'étoit se sacrifier pour la vérité... Elle a dit à M. May
qu'elle condamnoit tout ce que l'Eglise
condamne; qu'elle étoit soumise à toutes
ses décisions, et nommément à la Bulle
Unigenitus. Elle paroît fort touchée et
fort reconnoissante des attentions qu'on
a pour elle. »

Aucune Religieuse ne les portoit si
loin, ces attentions, que Mad. Louise
elle-même, qui, pendant quatre ans que
cette vieille Sœur vécut encore dans la
maison, ne cessa de lui prodiguer ses

soins. Elle étoit auprès d'elle comme la
Servante attentive auprès de sa Maîtresse,
ou plutôt comme une tendre Mere auprès
d'un Enfant chéri. Dans l'impuissance où
elle la voyoit de faire usage de ses mains,
elle lui prêtoit assidument les siennes :
elle l'habilloit, elle lui donnoit à manger,
elle entretenoit la propreté dans sa Cellule ; et la seule chose qu'elle regrettât,
dans l'exercice de ces soins charitables,
étoit de ne pouvoir en faire partager les
effets à quelques autres qui restoient encore dans le monde. Elle parvint, à force
de recherches, à découvrir leurs demeu-
res. Elle leur fit porter des paroles de paix.
Elle les invita, elle les pressa, par les motifs les plus touchans, à suivre l'exemple
de leur Compagne convertie. Voici comment elle donnoit au Supérieur de la maison le signalement d'une de ces Fugitives :
« Elle est fille d'un Maître des Comptes.
Sa famille, qui n'est pas Janséniste, a
été au désespoir de sa sortie. Elle doit
avoir soixante-quinze ans. Elle est fort
infirme et a beaucoup de dartres. Mais
tout cela ne nous fait rien. Qu'elle re-

vienne, et nous aurons pour elle tous les soins et toute l'amitié du Pere de famille pour l'Enfant prodigue. Elle demeure, à ce qu'on m'a assuré, au quartier Saint-Eustache. On dit qu'elle y est très-bien, et qu'elle aura de la peine à quitter ce bien-être. C'est le plus grand dommage du monde. Elle a été zélée catholique, tout le temps de son noviciat : elle quittoit même les récréations, lorsqu'on tenoit des discours Jansénistes ; mais, à force de persécutions, on l'a entraînée dans l'erreur... Ces pauvres Brebis sont sur le bord de leur fosse ; eh ! quelle Eternité les y attend ? cela fait frémir. » La pieuse Princesse n'eut pas la consolation de leur retour ; mais sa charité lui en acquit, sans doute, tout le mérite pour le Ciel.

Quoique son zele, pour la gloire de Dieu et pour le salut des Ames, n'eût point de bornes dans les désirs de son cœur, elle savoit cependant en régler l'exercice par la discrétion et la sagesse : elle en craignoit les illusions et les écarts ;

et, par les traits qui nous restent à ajouter au tableau de ses vertus, nous verrons
qu'elle n'ignoroit pas que le grand zele
d'une Religieuse doit sur-tout être celui
de sa propre perfection ; celui du détachement du monde , et des progrès vers
le Trône sanglant où siége son divin
Epoux.

Fin du Livre troisieme.

VIE

DE

MADAME LOUISE,

RELIGIEUSE CARMÉLITE.

LIVRE QUATRIEME.

CE qu'une Philosophie fastueuse ne
fait que bégayer, la Religion nous le dit,
dans les termes les plus clairs. Ce ne sont
ni les avantages de la naissance , ni les
dons gratuits de la fortune ou de l'esprit ;
ce sont les qualités morales, les sentimens du cœur et les vertus de l'ame ; ce
sont sur-tout les vertus propres de l'état
où la Providence nous a placés qui cons-
tituent le vrai mérite, et qui assignent les
rangs , sinon toujours dans les fastes de
l'Histoire , du moins dans l'estime des
hommes sensés , et au Tribunal infaillible de la Souveraine Raison. Aussi est-il

vrai de dire que Madame Louise, n'eût-
elle pas été une grande Princesse et la
Fille d'un Roi de France ; n'eût-elle pos-
sédé qu'en un degré fort inférieur les
talens de l'esprit et toutes les qualités
naturelles dont le monde lui faisoit honneur, n'en eût pas moins été, comme
Religieuse, digne de nos éloges et de tous
les hommages que sollicitent les vertus
héroïques.

C'est un spectacle bien encourageant,
sans doute, pour la Piété chrétienne; que
celui de cette Princesse dans l'humble solitude qu'elle a préférée au Palais de ses
Peres ; tantôt auprès de jeunes Eleves
qu'elle forme à la perfection des vertus
évangéliques; tantôt à la tête d'une Communauté fervente, qu'elle gouverne par
l'empire de ses exemples ; ou bien dans
d'autres emplois, et parmi les divers rapports que la Religion lui permet de conserver avec le monde, et dont elle se
fait une source de mérites. Mais, ce qui
n'intéressera pas moins nos vertueux Lec-
teurs, ce sera le rapprochement et le tableau fidele de ces vertus solitaires et plus

voisines de la Croix , par lesquelles Mad.
Louise , toute entiere aux autres , ce
semble , par la charité , savoit assurer
encore l'œuvre de sa propre perfection ,
et se préparer la mort des Saints.

Plus le rang d'où étoit descendue la
Princesse étoit élevé , et plus elle avoit
eu de relations avec le monde , plus il
lui fallut de constance et de résolution
pour empêcher que le monde ne s'intro-
duisît dans sa solitude. Moins pénétrée
des devoirs de son état et des dangers de
la dissipation , elle eût tous les jours sacrifié bien des momens , précieux pour
sa sanctification, tantôt à ces Personnes
frivoles, qui se font de tout, et de la Piété
même , des spectacles pour charmer leur
désœuvrement : tantôt à ces Personnes
intéressées , qui voudroient que celle qui
a renoncé à tout dans le monde , pour
elle-même , s'y occupât de tout pour les
autres ; ou bien à celles qui , avec des
motifs plus purs , ne sentent pas assez
cependant tout ce que l'on doit de respect
à ces asyles sacrés où la Piété solitaire est
en commerce continuel avec le Dieu du

Ciel, pour le rendre propice à la Terre.
Mais Madame Louise , plus empressée
encore de fuir le monde , que le monde
ne l'étoit de la rechercher, ne se communiquoit au-dehors que lorsque la Religion
ou la Charité le demandoient. Et, alors
même , elle ne le faisoit qu'avec les ré-
serves et les ménagemens de la discrétion.
Elle n'appeloit pas une visite lorsqu'elle
pouvoit y suppléer par une lettre ; et les
personnes qu'elle recevoit lui parloient
sans la voir. Elle tenoit fortement à ce
point de la Regle du Carmel, et ne vouloit pas même qu'on l'en dispensât. Un
homme , dont la naissance et la piété
méritoient des égards , témoigna au Supérieur de la maison le désir qu'il auroit
de voir l'héroïne de la Religion. M. l'Abbé
Bertin en informa Madame Louise , qui
lui répondit : « M. de *** est un hon-
nête homme ; mais qu'est-ce que cela lui
fait de voir ma figure ?... Dites-lui, s'il
vous plaît , que vous m'avez dit de lui
ouvrir une fois la grille , et que je vous
obéis : que , selon la Regle, il faut, pour
ouvrir , nécessité ou grande utilité pour

l'édification : qu'une fois suffit pour qu'il
voie qu'on se porte bien aux Carmélites ,
et que vous devez maintenir la régularité... Ce n'est qu'en tenant les Parloirs
fermés que je me suis affranchie de quantité de visites. »

On savoit dans le Public , et elle ne
craignoit pas de dire , dans l'occasion ,
aux Personnes qui lui faisoient des visites ,
qu'une de ses grandes peines étoit d'être
assujettie à en recevoir. Elle le dit même
un jour à un Souverain , quoiqu'en termes ingénieux et qui devenoient pour lui
un compliment. Le Roi de Suéde , en
conversant avec elle , lui demandoit si
le Prince du Nord l'étoit venu voir ? « Il
» aura su , lui répondit la Princesse, que
» je n'aimois pas les visites ; mais je suis
» bien - aise , ajouta-t-elle , que Votre
» Majesté l'ait ignoré. » Comme le Monarque , en parcourant la maison, alloit
monter un escalier , « Si j'osois, dit-il,
» j'offrirois le bras à Madame : je l'ac-
» cepterai volontiers , répondit la Prin-
» cesse , tant parce que la Regle des
» Carmélites ne dit rien sur le cas où des

» Rois leur présenteroient le bras, que
» parce que nos Familles sont en pos-
» session de se le donner depuis long-
» temps. » En entrant dans la cellule de
Madame Louise, et à l'aspect du mobi-
lier qu'elle renfermoit, un Crucifix, une
chaise de bois, une botte de paille sur
deux tréteaux : « Quoi! s'écrie Gustave,
» c'est ici qu'habite une Fille de France ?
» et, c'est ici encore, reprend Madame
» Louise, qu'on dort mieux qu'à Ver-
» sailles ; c'est ici qu'on prend l'embon-
» point que vous me voyez et que je
» n'avois pas ailleurs. » Elle lui fit le
détail de la nourriture ordinaire et des
occupations d'une Carmélite ; le conduisit
au Réfectoire, lui montra la place qu'elle
y tenoit au milieu de ses Sœurs, et le
couvert qui étoit à son usage, composé
d'une cuiller de bois, d'un gobelet de
terre et d'une petite cruche de même matiere. Etonné de ce qu'il voyoit, et plus
encore de ce qu'il ne voyoit pas autour
d'une grande Princesse, ce Roi du Nord,
dans des sentimens semblables à ceux de
la Reine du Midi, contemplant la sagesse

de Salomon dans sa magnificence , ne se
lassoit point d'admirer la sagesse bien plus
grande de Celle qui savoit trouver son
bonheur dans la privation et le mépris
de toute magnificence. A peine pouvoit-il
en croire au rapport de ses sens, témoins
du contentement et de la joie pure et
franche d'une Princesse qui s'immoloit
tous les jours à toutes les rigueurs de la
Vie pénitente. « Non , s'écria-t-il, Paris
» et la France, Rome et l'Italie ne m'ont
» rien offert de comparable à la merveille
» que renferme le Couvent des Carmé-
» lites de St.-Denis. »

D'autres illustres Voyageurs, l'Empereur Joseph II , un Archiduc son frere ,
et le Prince Henri de Prusse , voulurent
voir la pieuse Carmélite , qui leur ins-
pira les mêmes sentimens d'admiration
qu'au Roi de Suede. Comme l'un d'eux
avoit peine à concevoir comment le bonheur pouvoit se trouver dans le genre de
vie qu'elle menoit. « Il est vrai , Monsieur, lui répondit-elle , que notre bonheur est de la classe de ceux qu'il faut
goûter pour y croire ; mais, comme j'ai

la double expérience , je suis en droit de prononcer que la Carmélite, dans sa Cellule , est plus heureuse que la Princesse dans son Palais. » Je trouve, dans une lettre de Madame Louise au Supérieur de son Monastere , la preuve qu'elle eût été beaucoup plus satisfaite de pouvoir éloigner ces sortes de visites qu'elle n'étoit flattée de les recevoir, sur-tout lorsqu'elles devoient entraîner l'entrée dans la maison. « Mes Sœurs, lui écrit-elle, m'ont pré-
» venu que la Reine devoit me demander,
» pour son Frere, permission de me venir
» voir, à la grille seulement ; mais, que
» si, cependant, il désiroit d'entrer, on
» ne pouvoit pas le refuser à un Archi-
» duc....

» J'ai répondu à Adelaïde que, par nos Brefs, les Fils et Petit-Fils de France entroient chez les Carmélites, mais pas les Princes du Sang. Qu'ainsi, si l'Archiduc n'étoit pas ici *incognito ;* comme le Roi lui donneroit, je pense, le rang de Fils de France, il auroit droit d'entrer chez nous. Que le cas, au reste, n'étoit jamais arrivé, parce qu'il étoit rare que

les Princes eussent des connoissances aux
Carmélites : que nos maisons n'avoient
rien de curieux qui pût les attirer ; et
qu'il falloit, pour cela, une Créature
telle que moi, que tout le monde avoit
envie de voir comme le bœuf gras. »

Quoique Madame Louise , toujours
tendrement attachée à ses Parens, trouvât une vraie satisfaction à les voir ;
comme elle savoit cependant subordonner
ce sentiment aux devoirs de la solitude ,
elle se seroit reproché de faire la moindre
démarche pour se procurer une visite de
Famille. Madame VICTOIRE lui disoit,
un jour, qu'elle feroit des reproches à
Madame ELISABETH, sur ce qu'elle avoit
été si long-temps sans venir à St.-Denis.
Madame Louise lui fit promettre de n'en
rien faire, et de ne pas même en parler à
la jeune Princesse. « Les relations avec
les Parens , disoit-elle à une Novice ,
sont un grand tourment , pour les vraies
Religieuses en général , et sont sur-tout
nuisibles à une Carmélite.... C'est devant
Dieu, disoit-elle encore, que nous voyons
utilement nos Parens et pour eux et pour

nous. Au moment où je reçois une visite
de Famille, je me trouve dans la joie ;
quand elle finit, je suis dans la paix. »
Une jeune Religieuse, d'une maison étrangere, lui ayant communiqué quelques
peines de famille relativement, sur-tout,
à une sœur qu'elle aimoit, Mad. Louise
lui répondit : « Il est plus aisé de quitter
le monde que de se détacher des intérêts
de sa Famille ; et vous ne sauriez croire
combien cela met d'amertume dans l'ame,
sur-tout d'une Carmélite, qui mene un
genre de vie trop sédentaire et trop retiré
pour se laisser affecter de toutes ces cho-
ses-là, sans en ressentir du dommage
pour l'intérieur. Votre unique objet doit
être de vous occuper entiérement de
Dieu. S'il nous en coûte de nous séparer
de tout ce qui tient au monde, pour
l'amour de notre divin Epoux, ah ! ma
chere Sœur, qu'il saura bien nous en
dédommager, non-seulement dans l'autre
Vie, mais encore par le centuple dès
celle-ci. C'est ce que le monde ne peut
croire : mais c'est ce qu'éprouve tous les
jours une vraie Religieuse ; et c'est ce

que vous éprouvez vous-même, depuis
que vous vous êtes consacrée à Dieu.
Avouez aussi que, depuis que vous vous
êtes laissée trop affecter par la situation
de votre chere Sœur, cette consolation
n'est plus si sensible... »

Plus Mad. Louise étoit fidèlle à garder
sa solitude, plus elle se sentoit de zele à
écarter tout ce qui pouvoit en troubler
la paix. Elle lui sacrifia même le penchant, si doux pour son cœur, de faire
du bien et de soulager des malheureux;
et, jusque dans l'exercice de la Charité,
elle craignit les illusions de l'amour-propre
et les dangers de la dissipation. Elle voulut ensevelir dans sa retraite son crédit
comme sa personne, et ne souffrit plus
que son nom fût cité auprès des Distri-
buteurs des graces. Son sacrifice fut absolu : nulle exception pour les Personnes.
La cause de la Religion fut la seule qu'elle
n'eût pas renoncé de protéger à la Cour.
La satisfaction qu'elle auroit trouvée à
obliger un Evêque tel que celui de Clermont, ne put ébranler sa résolution, et
elle lui écrivoit : « Je n'ai jamais été plus

fàchée, Monsieur , que je le suis aujour-
d'hui, de n'être pas dans le cas de faire
ce que vous désirez pour cette place de
St.-Cyr ; d'autant plus que la Demoiselle
est de vos Parentes. Mais vous savez bien
que je ne me mêle de rien : et, dernie-
rement encore , j'ai été obligée de faire
pareil refus à une multitude de Personnes
qui me demandoient de leur obtenir pareille grace. Il faut aimer autant mon état
que je fais , pour ne pas regretter d'avoir
renoncé à tout.

Je sens bien, Monsieur, écrivoit-elle
au même Prélat , que vous n'avez pu
refuser à votre *** de m'écrire en sa faveur ; mais, sûrement, vous aurez prévu
d'avance ma réponse, sachant ma façon
de penser ; et combien je me suis éloignée
de tout ce qui est affaire du monde... Si
cela n'eût regardé que celles de la Religion , je me serois fait un plaisir de me
joindre à votre zele apostolique. Mais ,
en ceci, il n'est question que de distinc-
tions humaines, attachées à la naissance,
et je ne suis venue chercher ici que l'ap-
panage de l'humilité et de la pauvreté. Je

me contenterai donc d'élever mes prieres
au Ciel , pour que tout tourne à la plus
grande gloire de Dieu. »

Ce fut un vrai travail pour Madame
· Loûise que d'avoir à repousser sans cesse
les sollicitations du dehors, qui tendoient
à la rappeler dans le monde , sur-tout
étant aussi attentive qu'elle l'étoit à donner du moins une réponse à ceux auxquels elle ne pouvoit rendre un service.
Ses sentimens invariables en ce point sont
consignés dans une infinité de lettres que
j'ai sous les yeux : « Mon parti est pris
depuis long-temps , écrivoit-elle : en re-
nonçant à tout, j'ai renoncé même à faire
du bien aux autres... Ce que ma protection ne fera plus, j'espere le faire par
mes prieres ; non par leur mérite , mais
par les mérites de Celui à qui je me suis
consacrée... Si je me mêlois de tout cela,
je n'en finirois pas : cela me donneroit
au-dehors une communication qui né
seroit pas édifiante... Je n'ai pas choisi le
Cloître pour cela, et vous sentez combien une pareille conduite seroit gauche
avec notre Regle. » Toutes les Personnes

qui environnoient Mad. Louise étoient
autorisées à faire, dans l'occasion, de
semblables réponses. « Ma Sœur *Thérese-
de-St.-Augustin*, écrivoit une Carmélite
de St.-Denis à une Religieuse du dehors,
veut absolument qu'il ne soit plus question d'elle dans le monde... Une résolution
prise par une grande Ame est d'ordinaire
de longue durée, et je vois qu'il est inutile de la presser davantage. Cette religieuse Princesse vous prie de faire chez
vous la réponse qu'elle nous oblige de
faire ici : qui est, qu'elle ne se mêle plus
de rien... Elle prie qu'on la laisse tranquille dans son dénûment et sa retraite. »

Mais, c'étoit sur-tout lorsqu'il étoit
question de Bénéfices ecclésiastiques, que
Madame Louise attestoit plus hautement
son éloignement pour les affaires étrangeres à sa profession. « Il ne m'est pas
possible, écrivoit-elle, de recommander
M. *** à M. l'Archevêque. De ma vie
je n'ai fait de recommandations qui tendissent à une Cure ; et vous sentez bien
que ce n'est pas aujourd'hui que je com-
mencerois. Tout ce que je puis faire, c'est
de prier Dieu... Ce que vous dit M. ***

est très-vrai sans doute ; mais je vous prie
de faire ma réponse ordinaire : que je
ne m'en mêlerai pas, parce que je ne
me mêle jamais de Bénéfices. « Comme
vous connoissez, en tout et sur-tout,
ma façon de penser, écrivoit-elle à M.
l'Abbé Bertin, vous avez fort bien fait
d'assurer que je serois très-fâchée de me
mêler d'Evêché, ni de loin, ni de près.
Et, graces à Dieu, je n'en ai jamais eu
sur la conscience. »

C'étoit peu pour la pieuse Princesse,
de renoncer à tout commerce avec le
monde dont elle auroit senti le danger
ou l'inutilité ; pénétrée d'estime pour les
devoirs obscurs et les moindres pratiques
de la solitude, elle leur sacrifioit jusqu'aux consolations de sa piété. « C'est
avec un grand plaisir, que je reçois de
vos lettres, écrivoit-elle à l'Evêque de
Clermont. Je voudrois que votre zele
pastoral et la multitude des devoirs de
notre saint état nous pussent permettre
à l'un et à l'autre de nous écrire plus souvent. J'en tirerois sûrement un grand
avantage pour mon ame ; mais cela seroit
bien

bien difficile ; et, comme il faut mettre
tout à profit pour sa sanctification, je me
retourne du côté du sacrifice. » Portant
jusqu'au de-là des bornes de la vie le désir
de rester cachée au monde, elle eût voulu
pouvoir abroger pour elle la pratique du
Carmel, d'exposer les morts aux regards
des vivans ; et elle dit un jour, à ce
sujet, à une Religieuse : « Quand je songe
» quelquefois, qu'après ma mort on doit
» donner mon cadavre en spectacle, je
» prie Dieu qu'il soit alors si défiguré
» qu'on ne soit tenté ni de le montrer, ni
» de le venir voir. » Chose remarquable,
son vœu fut pleinement exaucé.

Le bien de la Religion et une Charité
discrette étoient, comme nous l'avons
déjà remarqué, les seuls motifs qui pussent attirer l'attention de Mad. Louise
hors de sa solitude. Une Abbesse, qui
avoit donné la démission de son Abbaye,
lui demanda la permission de la venir
voir. Elle la reçut avec bonté, mais lui
marqua son étonnement de la voir hors
de sa clôture ; et, sur ce qu'elle apprit,
peu de temps après, qu'elle étoit dans la

Tome II. D

disposition de fixer son séjour dans la Capitale, elle ne lui dissimula pas le danger
auquel elle exposoit son salut , et ne fit
pas même difficulté de lui dire : qu'elle
ne pourroit plus , sans crainte de scan-
dale , entretenir de relations avec une
Religieuse qui se proposoit d'abjurer son
état. La Princesse, dans une occasion où
un homme en place qui venoit d'être
disgracié , lui demandoit une audience ,
songea d'abord aux moyens de l'écarter,
dans la crainte d'essuyer des sollicitations
qu'il lui seroit impossible d'accueillir.
Mais , faisant ensuite réflexion que la
charité se doit à l'infortune plus encore
que la complaisance à la prospérité, elle
reçut la visite , parla un langage si chrétien et si touchant à celui qui la lui faisoit , qu'au sortir du Monastere, il s'écria :
« J'ai oublié tous mes malheurs , depuis
» qu'une sainte Princesse m'a si bien
» appris l'usage que j'en dois faire. »

Dire d'une Religieuse, qu'elle craint la
dissipation du monde et chérit le silence
de la solitude, c'est avoir dit qu'elle a
trouvé le secret de se rendre heureuse ,

autant qu'on peut l'être ici bas. Madame
Louise , en effet , goûtoit dans son état
toutes les douceurs qui accompagnent la
Vertu généreuse. J'aime à l'appeler souvent elle-même en témoignage ; cette
Ame droite et franche , qui ne connut
jamais le déguisement. Heureuse dans sa
retraite tous les jours de sa vie , elle
avouoit que son bonheur étoit sur-tout
sensible lorsqu'elle se rappeloit le séjour
de la Cour. « Toutes les fois , disoit-elle ,
» qu'après une visite , mes Sœurs me
» quittent pour retourner à Versailles , je
» me sens pressée de bénir la Providence,
» de ce que je ne suis plus obligée de les
» suivre. » Son contentement , parmi les
rigueurs d'une vie de sacrifices , étoit
comparable à celui de St. Paul dans ses
tribulations ; et tel , quelquefois , qu'il
lui devenoit suspect et lui donnoit des
scrupules. Dans une lettre à une Carmélite de la rue de Grenelle. « Je ne reviens
pas , dit-elle , de la rapidité du temps au
Carmel. Les années y sont des jours , et
les jours des momens... On dit qu'il y a
des Ames qui vont tout droit en Paradis ;

sans passer par le Purgatoire; mais je désespere d'être de ce nombre : je suis trop heureuse Carmélite.

A l'occasion d'un voyage de la Reine à Ste.-Genevieve, elle écrivoit à M. l'Abbé Rigaud, Visiteur-général de son Ordre : « Vous avez eu belle Compagnie dans votre rue. Je suis persuadée que vous vous êtes dit : *Oh ! que la Mere Thérese-de-St.-Augustin est heureuse de n'être plus là. Sa chaise de paille, si elle en sait bien profiter, lui fera un plus beau Trône que celui qui est préparé à la Reine à l'Hôtel-de-Ville ; et ses habits de bure seront plus brillans un jour que tout ce que je vois.* Ainsi soit-il, mon Pere. Ce que je sais bien, c'est que tout ce qu'une Carmélite peut porter, un jour de grande Fête, n'est pas si gênant que ce que j'ai quelquefois porté en pareilles occasions. Mais tout cela étoit perdu pour le Ciel ; et, jusqu'aux moindres poussieres du Carmel, elles peuvent être un jour des diamans pour moi. Quel compte à rendre, si je ne les ramasse pas avec soin ! »

LES Carmélites du Comtat Venaissin , ayant témoigné à Madame Louise le désir de connoître la formule des vœux que prononcent leurs Sœurs de France , la Princesse la leur adressa copiée de sa main , avec cette lettre d'envoi à la Prieure : « C'est avec un grand plaisir, ma Révérende Mere , que je m'acquitte de votre commission et que je vous envoie la formule de nos vœux. Oui, vous m'en faites un très-grand de me procurer de les écrire. Je voudrois les écrire par-tout, pour tâcher, si cela se pouvoit , de les resserrer encore davantage. Plus je les réécris, plus je les renouvélle ; plus aussi je me sens contente et heureuse de les avoir faits. Il n'y a pas de Couronnes qui vaillent ce contentement , qu'on sent même dès cette vie. Pardonnez-moi ce préambule , il part de l'effusion de mon cœur... »

A l'époque où Madame Louise procuroit un asyle en France aux Religieuses sécularisées dans les Pays-Bas, elle écrivoit à la Supérieure du Monastere de la Visitation de la rue St.-Jacques de Paris :

« Je trouve bien heureuses celles qui per-
sévèrent. Car nous ne nous sommes con-
sacrées à Dieu qu'une fois , et elles auront
le bonheur de s'y consacrer deux fois.
Je regrette toujours de n'avoir qu'un moi-
même à donner au Seigneur. Il me semble
que , si j'en avois deux , le second seroit
encore mieux donné que le premier , parce
qu'il-le seroit avec plus de connoissance
de cause. Pardonnez - moi , Madame ,
cette pieuse extravagance ; mais vous connoissez par vous-même le bonheur de la
Vie religieuse ; ainsi vous ne serez pas
surprise des transports qu'il cause , sur-
'tout dans certains momens qui en font
sentir tout le prix. »

Cette joie vive et pure , ce contentement parfait de la Princesse dans son état
naissoit de sa courageuse fidélité à en remplir tous les devoirs. Modèle de régularité
jusque dans les moindres observances ,
elle ne connoissoit de raisons légitimes de
s'y soustraire que l'impuissance bien sen-
tie de les pratiquer. Lorsque , pour raison
de santé , elle ne pouvoit suivre en tout
la Regle commune , elle s'y assujettissoit

dans ce qui n'étoit pas compatible avec
sa situation. Détenue à l'infirmerie et dans
l'éloignement d'auprès de ses sœurs, elle
se rapprochoit d'elles par l'affection à tous
ses devoirs. Attentive aux heures qui par-
tageoient les exercices de la Communauté, elle y accommodoit ceux qu'elle
faisoit en son particulier. Elle récitoit ses
Offices, elle vaquoit à la Prière, à l'Oraison, au travail même, si elle le pouvoit,
dans le temps précis où les autres le faisoient. Fidelle sur-tout à garder le silence
à toutes les heures où il étoit prescrit à
la Communauté, elle ne connoissoit pas
pour elle-même, étant Prieure, l'Indulgence dont elle usoit en ce point envers
les autres. " Une Religieuse, disoit-elle,
" qui, en temps de maladie, doit être
" dispensée de beaucoup d'observances
" communes, ne devroit pas songer à
" l'être de celle du silence ; puisque les
" Médecins, dans le monde même, en
" recommandent la pratique à leurs ma-
" lades. "

Par le même esprit de régularité, Madame Louise laissoit ignorer ses indispo-

sitions passageres, et recommandoit aux
Religieuses qui pouvoient en avoir connoissance de ne pas en informer la Communauté. Souvent, après avoir été incommodée toute une nuit, elle se trouvoit
la premiere à tous les exercices de la journée suivante. Une Religieuse lui représentoit, dans une de ces occasions, le
besoin qu'elle auroit eu de prendre quelque
repos. " Ne voyez-vous pas, lui répondit
» la Princesse alors Prieure, que, si je
» m'absente des exercices, soixante per-
» sonnes, d'incommodée que je suis, me
» rendront malade, en venant m'assurer
» charitablement que je dois l'être. » Un
jour qu'elle étoit à l'Infirmerie, la même
Religieuse lui conseilloit de se soustraire,
pour sa santé, à une des observances de
l'Ordre. « Le besoin que je puis en avoir,
dit Madame Louise, ne me paroît pas
assez évident pour m'autoriser à une dispense ; et puis, je dois plus craindre
qu'une autre que mon exemple n'autorise
le relâchement dans la maison. » La Religieuse lui ayant observé qu'il lui seroit
facile d'user de la dispense sans que personne le sût, la Princesse la réprimanda,

et répliqua vivement : « Vous me con-
» seillez donc l'hypocrisie ? A Dieu ne
» plaise que je me permette jamais, en
» présence du Ciel, une action pour la-
» quelle je craindrois les regards de la
» Terre. Soyons par-tout ce que nous
» devons être, nous ne craindrons nulle
» part de paroître ce que nous sommes. »

Il étoit quelquefois arrivé, lorsqu'on
savoit Madame Louise indisposée, qu'on
lui laissât prolonger son sommeil au-delà
de l'heure fixée par la Regle commune.
Affligée de ces égards, et pour n'y être
plus exposée, elle fit promettre à une Religieuse que, lorsqu'elle ne la verroit pas
à l'Oraison du matin, elle se rendroit
aussitôt à sa cellule pour s'assurer du sujet
de son absence. Elle établissoit la nécessité d'être fidelle à ce premier exercice de
la journée par ce raisonnement : « Ou je
» me porte bien, et c'est un devoir pour
» moi de me lever comme les autres ; ou
» je suis incommodée, et ce devoir se
» change alors en besoin, parce que je ne
» dors que d'un sommeil inquiet, plus
» fatiguant que l'état de veille. »

Pendant un temps considérable , une oppression de poitrine empêchant Mad. Louise d'assister aux Offices dans l'intérieur du Chœur , elle se tenoit sur le seuil de la porte , aimant mieux souffrir les plus grandes rigueurs du froid que de ne pas se rapprocher de l'ordre autant qu'il étoit en elle. On eût voulu l'engager à réciter ses heures en son particulier , en lui représentant les incommodités de la place. « Elle m'est très-convenable , » répondit-elle : c'est celle du Publicain ; » et, quand on ne peut arriver jusqu'au » terme de ses devoirs, il faut du moins » se tenir sur le chemin. » Dans une Instr tion familiere qu'elle faisoit à ses L ves , étant Maîtresse des Novices. « Je n'insisterai pas, leur disoit-elle, sur les points capitaux de vos Vœux ; la conscience vous les recommande assez. Mais, quand vous vivriez cent ans, souvenez - vous encore , le dernier jour de votre vie , que votre maîtresse ne cessoit de vous exhorter à la fidélité aux petites choses ; si cependant on peut appeler *petites* , des observances dont la prati-

que ou la négligence approche ou éloigne
Dieu de nous dans ce monde , et doit
fixer , dans l'autre , la distance à laquelle
nous serons placées de son Trône. Ah !
croyez-moi , mes cheres sœurs , nous ne
devons connoître ni petits devoirs ni
petites fautes, au service de ce grand Roi.»

De quelque affaire que Mad. Louise
fût occupée , quelles que fussent les Personnes auprès desquelles elle se trouvoit ,
elle quittoit tout pour sa regle , et rien
au monde ne lui paroissoit d'une plus
grande importance que la fidélité à ses
devoirs. « De bonnes Religieuses, disoit-
elle , doivent moins se piquer d'intel-
ligence dans les bienséances de la Société , que de ponctualité au service de
Dieu ; et les gens du monde , eux-mêmes ,
s'édifient de nous voir conclure brusquement les audiences que nous leur don-
nons , pour voler à celles auxquelles
Dieu nous appelle.» Dans une Lettre
qu'elle écrit à une Carmélite ; « J'ai
gardé au Parloir, dit-elle , les droits de
Mad. Louise , de renvoyer mon monde
même au milieu d'une conversation ,

si elle s'allonge trop. » Elle faisoit un
accueil gracieux à tous ceux qui avoient
à lui parler ; elle les entretenoit sur le
ton de la gaîté, et les congédioit sur le
même ton : « Vous imaginez bien,
disoit-elle à une personne de la Famille
Royale, qu'il faut que ce soit le Bon-
Dieu qui m'appelle, pour avoir le cœur
de vous dire : allez-vous-en. » N'est-il
pas vrai, MONSEIGNEUR, (1) disoit-elle
à l'Archevêque de Paris, M. de Beaumont, que vous me gronderiez de la belle
maniere, si, par la satisfaction que j'ai
d'être auprès de vous, je m'avisois de
laisser couler l'heure de notre Réfectoire,
où je dois aujourd'hui baiser les pieds de
nos sœurs ? « Un nombre de ses lettres
finissent par ces mots : *L'heure sonne :
la cloche m'appelle : je vous quitte pour
la regle*, ou autres formules équivalen-
tes, qui expriment le zele de la régularité.

On étoit sûr de plaire à Mad. Louise

_____

(1) Elle étoit encore à la Cour, qu'à l'exemple du
Dauphin son Frere elle appeloit ce vertueux Prélat,
Monseigneur.

et de recevoir d'elle le remercîment
plus sincere , en lui faisant remarquer
moindre faute qui lui auroit échapp
contre la regle. De son côté , elle rega
doit comme un des premiers devoirs (
la charité chrétienne de rendre , dar
l'occasion , le même office à ses sœurs, (
elle n'y manquoit pas. Après une retrait
de dix jours , qu'elle fit six semaines avan
sa mort , elle disoit à une Religieuse
« Ne craignez - vous pas un peu , en mɛ
» voyant sortir de retraite , qu'aux réso-
» lutions de fidélité à la regle, que j'ai
» dû y prendre pour mon compte , je
» n'en aie joint quelques-unes en votre
» nom ? » Elle lui fit observer, en même
temps , qu'elle n'étoit pas assez exacte à
se rendre à certains exercices. Et , sur
ce que la Religieuse lui représenta que
la cause ordinaire de cette inexactitude
étoit que , de l'endroit de la maison
qu'elle habitoit , elle entendoit difficile-
ment sonner les heures : « Hé , que ne le
» dites-vous , lui répondit la Princesse ?
» je puis être votre horloge. » Elle lui eñ
tint lieu , en effet , jusqu'à l'époque où

elle tomba malade , comptant pour rien
un assujettisement qui assuroit la régularité d'une de ses Compagnes.

Nous avons déjà parlé des heureux
effet de ce zele , dans la Princesse
Prieure de son Monastere. Elle savoit,
prudemment et selon la charité, appli-
quer les exceptions à la regle ; mais nulle
considération ne pouvoit l'engager à
composer avec le devoir. La mere d'une
Novice avoit un si grand désir de voir
le Monastere où sa fille devoit s'engager,
qu'elle sollicita et obtint un Bref du Pape ,
qui lui en permettoit l'entrée. Pleine de
confiance en cette piece, elle vint la présenter à Mad. Louise , qui la lut et lui
dit : « Et nous aussi, Madame , nous
» avons un Bref du Pape , que le vôtre
» ne révoque pas , et qui nous défend
» d'accorder l'entrée de la maison à au-
» cune personne séculiere , sans le con-
» sentement unanime de toutes les Reli-
» gieuses. » Les Parens d'une autre
Novice désiroient de voir encore une fois
chez eux leur fille , admise à recevoir
dans peu l'habit de Carmélite. Madame

Louise leur représenta qu'une sortie, en
pareille circonstance, étoit sans exemple,
et lui paroîtroit d'autant plus dangereuse
qu'on ne voyoit pas dans l'Evangile, que
celui qui avoit demandé au Sauveur du
monde qui l'appeloit, la permission d'aller
rendre les derniers devoirs à son Pere,
fut revenu, pour suivre sa vocation. Elle
ajouta que, toute la grace que la Communauté pourroit faire à la Demoiselle,
si elle sortoit, seroit de l'admettre à recommencer ses epreuves.

•Il n'étoit pas de sentiment si naturel et
si vif que Mad. Louise ne fit céder à ce
zele pour la régularité. Dans la circonstance de sa vie la plus douloureuse pour
son cœur, lorsqu'un Courrier vint lui annoncer la mort du Roi, son pere, une
Religieuse qui étoit auprès d'elle se mettoit en devoir d'aller avertir la Communauté de prier pour le Monarque, bienfaiteur signalé de la maison. " Arrêtez,
lui dit Mad. Louise, c'est l'heure du
grand silence. » Elle étouffa sa douleur
profonde, elle en cacha le sujet à ses
sœurs, jusqu'à ce qu'il lui fût permis d'y

donner un libre cours sans exposer la régularité. Nous n'ajouterons rien à ce trait
héroïque, sinon que tous ceux qui com-
posent la vie de Mad. Louise y sont
analogues; et que, si l'on avoit perdu le
code des observances religieuses, on le
retrouveroit en copiant ses actions. La
seule marque à laquelle on distinguât la
fille d'un grand Roi, dans un Monastere
de Carmélites, étoit un plus grand amour
de tous ses devoirs et une ponctualité
plus marquée à les remplir.

Ce qui a coutume d'être un aliment
de vanité chez les ames vulgaires, la
haute naissance, devint un principe
d'humilité dans Mad. Louise. Sentant
assez que, par-tout on chercheroit à la
placer au premier rang, elle prit une résolution plus ferme de se tenir au dernier; et par une de ces erreurs si agréables à Dieu, elle parvint à se persuader
que c'étoit celui qui lui convenoit. L'humilité étoit sa grande vertu, celle qui
imprimoit, pour ainsi dire, son caractere à toutes les autres; et, depuis sa
première entrée chez les Carmélites jus-

qu'à sa mort , elle ne cessa d'en offrir à ses sœurs des exemples aussi édifians que multipliés.

Lorsqu'elle embrassoit le moyen le plus efficace pour se faire oublier de la Cour et du monde , elle eût désiré que sa qualité de fille de Roi eût pu ne pas la suivre dans son humble retraite. Rien ne la fatiguoit davantage que les attentions et les égards qu'on lui marquoit ; elle les appeloit *l'expiation de sa naissance;* elle les repoussoit autant qu'il étoit en elle ; et, quelquefois , on la vit s'en affliger jusqu'aux larmes. Le nom qu'elle avoit reçu en Religion étoit le seul qui lui plût. Si quelquefois , contre son inclination , elle ne put refuser d'accepter la Dédicace d'un ouvrage favorable à la Religion , elle imposoit à l'Auteur la condition que le livre seroit dédié , non à Mad. Louise-de-France , mais à la mère Thérese-de-St.-Augustin ; et, pour que ce livre eût un mérite de plus à ses yeux, il falloit qu'il lui fût présenté sous la reliure la plus simple , sans dorure , et sur-tout sans armoiries. Nous avons déjà

remarqué que, dès les premiers jours de
son arrivée chez les Carmélites, elle
eût voulu qu'on ne l'appelât plus que du
nom de *Sœur*. Elle ne put l'obtenir des
personnes du dehors; mais , lorsqu'à
force de représentations elle eut engagé
sa Prieure à en joindre aux Religieuses de
ne plus la qualifier autrement : " Graces
" à Dieu , écrivoit-elle à une Prieure de
" Carmélites, qui avoit autrefois habité
" la maison de St.-Denis , depuis le der-
" nier chapitre on m'appelle *ma Sœur* ,
" nom si doux à mon cœur et à mes
" oreilles. Ainsi j'espere , qu'en bonne
" fille de St.-Denis , vous vous en sou-
" viendrez. "

Elle n'aimoit point que les Prédicateurs
lui adressassent la parole , en commen-
çant leurs discours. Un jour qu'elle connoissoit celui qui devoit prêcher. " J'es-
" pere , lui dit-elle, que vous ne suivrez
" pas la mauvaise méthode de vos Con-
" freres, qui se donnent le mot pour
" m'humilier en m'apostrophant dans
" leurs Sermons : " et , comme le Prédi-
cateur ne paroissoit pas disposé à se ren-

dre à l'invitation ; « Puisque vous voulez
» aussi, reprit-elle , que les Carmélites
» soient des Dames , ne faites pas du
» moins de jalouses, et dites : mesdames. »—« Ne soyez pas surpris, écrivoit-
elle à un des Supérieurs-généraux de l'Ordre , si je vous appelle Monsieur : je
n'ose appeler mon Pere , celui qui m'appelle madame. Vous savez cependant que
les titres que la Religion me donne, me
sont bien plus précieux que tous ceux que
je pouvois avoir dans le monde. »

. C'étoit toujours avec les sentimens et
sur le ton de l'humilité qu'elle traitoit
avec ses Supérieurs ecclésiastiques. Elle
demandoit leur bénédiction à genoux, à
l'Archevêque de Paris, M. de Beaumont,
à M. de la Motte , Evêque d'Amiens, à
tous les Supérieurs de l'Ordre , et quelquefois à d'autres pieux Ecclésiastiques.
Elle n'avoit encore passé que fort peu de
temps chez les Carmélites , qu'elle écrivoit au Supérieur de la maison ? « Une
autre grace que j'ai à vous demander ,
mais qui me tient bien au cœur, c'est de
ne plus m'écrire avec *respect* ; ce *respect*

me désole et vous ne sauriez croire combien il me fait de peine. » Vers la même
époque , elle écrivoit à l'Evêque de Clermont : « Je suis confuse , mon très-honoré Pere , de la bonne idée que vous
avez de moi. Vous aurez bien à en rabat-
tre lorsque vous me connoîtrez ; » et ,
dans une autre lettre au même Prélat ;
"Je suis bien honteuse de songer que j'em-
barrasse mon Supérieur ; mais , avec le
temps , vous verrez qu'il n'y a pas de quoi
vous imposer , et que la Sœur Thérese-
de-St. Augustin , ou une autre Carmélite , c'est la même chose ; à la différence
près , qu'elle est la moins vertueuse de
toutes... J'ai la volonté , mais il faut
m'aider pour devenir un peu bonne. J'ai
besoin , pour cela , de vos conseils et de
vos prieres. »

Au lieu d'une tentation de vanité ,
Mad. Louise trouvoit une raison de s'humilier dans le bruit que faisoit la générosité de son Sacrifice. « Il faut, disoit-elle
à ce sujet, que le monde ne nous croie
pas même propres au Royaume des
Cieux , puisqu'il paroît si émerveillé de

me voir faire , pour y parvenir, ce que
tant d'autres font tous les jours , sans
qu'il paroisse s'en apercevoir. » Une
Dame de piété lui disoit : qu'il étoit bien
admirable, qu'étant d'une santé si déli-
cate , et après avoir été élevée en fille
de Roi, elle eût embrassé un genre de vie
aussi austere que celui des Carmélites.
« Et moi, Madame, lui répondit Madame
Louise , rien ne m'étonne plus que votre
étonnement ; car vous connoissez l'Evangile , et vous savez bien qu'il n'offre aucun secret particulier, ni aux santés
délicates , ni aux Enfans des Rois, pour
se sauver sans faire pénitence. » Son humilité la rendoit si ingénieuse à diminuer
le mérite de ce qu'elle faisoit pour Dieu ;
et, lorsqu'on la mettoit dans le cas de
parler à ce sujet, c'étoit d'un ton si persuadé qu'elle le faisoit, qu'on étoit presque de son avis. Elle prétendoit par
exemple , qu'il n'y avoit aucune de ses
compagnes qui n'eût sacrifié plus qu'elle ,
pour se faire Carmélite. « Toutes, disoit-
elle , ont fait au moins le sacrifice de leur
liberté ; mais moi, j'étois esclave à la

Cour ; et mes chaînes, pour être plus brillantes, n'en étoient pas moins des chaînes. — On a bien tort, disoit-elle encore, de tant exalter mon sacrifice. Ce qui m'a coûté, n'a jamais été, ni de le faire, ni de l'avoir fait ; mais d'avoir été obligée de passer tant d'années sans pouvoir le consommer ? » Faisant ainsi, sans y songer, l'éloge d'un cœur de tout temps vertueux, et parvenu, par une vie de sacrifices, à compter pour rien celui qu'on pouvoit regarder comme le plus héroïque de tous.

Peu de temps après qu'elle fût arrivée à St.-Denis, et lorsqu'elle portoit encore l'habit séculier, elle fit une seconde réforme dans ses ajustemens, qu'elle avoit déjà réduits au ton de la simplicité. A la vue de quelques petits ouvrages très-curieux, en broderie d'or et d'argent : « Voilà encore, dit-elle, de petites idoles de vanité, qui auroient dû rester dans leur pays. » Elle les jeta au feu.

La princesse portoit jusqu'au scrupule l'attention à écarter tout ce qui pouvoit rappeler l'idée de ce qu'elle avoit été dans le monde ; et il lui sembloit toujours que la justice rendue à son mérite , n'étoit qu'un encens offert à sa naissance. Une Communauté de Carmélites auroit désiré qu'elle obtînt pour l'Ordre la permission de célébrer la fête de Ste. Clotilde ; Mad. Louise répondit à la Prieure : « Que direz-vous de moi , ma chere mere ? Je n'ai pas du tout de dévotion à demander l'office de Ste. Clotilde. Il est vrai qu'elle a été premiere Reine de France... Mais il me semble que cette demande seroit gauche de ma part ; et qu'elle auroit plus l'air d'orgueil que de dévotion. Je redoute tout ce qui rappelle mon ancien rang ; et j'ai une si grande peur de m'y écorcher , que je fuis même les bonnes choses qui pourroient m'en faire souvenir ou en faire souvenir les autres. Je voudrois n'avoir jamais été fille de Roi : il me semble que j'en serois meilleure Carmélite. Du moins n'aurois-je pas le chagrin d'être Prieure ; car c'est bien Mad. Louise qu'on a élue , et non la sœur *Thérese-de-St.-Augustin.*, n'en déplaise aux consciences de nos chetes sœurs. »

Quelquefois la Princesse oublioit tellement ce qu'elle avoit été, qu'elle oublioit
encore que les autres pussent y songer
et y avoir égard. Les attentions même
les plus communes de la charité, celles
auxquelles elle se seroit bien gardée de
manquer envers la derniere de ses sœurs,
elle les jugeoit excessives et déplacées,
lorsqu'elle en étoit l'objet. Facile et in-
dulgente pour tout ce qui la regardoit,
jamais elle ne se plaignoit de rien : elle
excusoit tout, elle souffroit tout, excepté
les égards ; et il eût fallu, pour lui paroître ne pas trop se ressouvenir du rang
qui la distinguoit dans le monde, oublier
même ce qu'on lui devoit dans le Cloître.

Son humilité lui inspiroit une grande
défiance de ses propres lumieres, qui assurément n'étoient pas bornées. Elle ne
faisoit rien, pas même le bien qui lui
paroissoit le plus désirable, sans avoir
consulté. Elle déféroit aux avis de ses
Supérieurs avec toute la docilité de l'Enfance ; et, dans son plus grand zele pour
la régularité, lorsqu'elle étoit Prieure,
on ne la vit jamais s'entêter d'une idée

pour

pour la maintenir. La plus jeune de ses Religieuses avoit droit, comme la plus ancienne, de lui faire part de ses observations. Tout bon conseil étoit précieux à ses yeux : elle l'accueilloit avec reconnoissance, de quelque part qu'il lui vînt, et de quelque manierè qu'il lui fût donné.

Elle portoit dans l'exercice de l'humilité ce ton de droiture et de franchise, qui écarte jusqu'au soupçon d'affectation, dans une vertu si sujette aux illusions du vice contraire. Ses paroles et ses manieres étoient, comme ses actions, l'expression simple et naturelle de sa pensée ; et, lorsque, suivant la Regle du Carmel, elle rendoit compte de ses négligences et de ses fautes, elle s'accusoit avec si peu de ménagement, et d'un ton si pénétré, qu'on eût été tenté, d'après son aveu, de la regàrder, en effet, comme la plus imparfaite des Religieuses de la Communauté.

Sa grande vivacité la portoit quelquefois a parler trop haut, à marcher trop vîte. Elle s'en apercevoit, ou on l'en avertissoit. A l'instant et avèc la même promp-

Tome II. E

titude, elle se soumettoit aux humilia-
tions indiquées pour correctif de ces sortes
de manquemens. Dans certaines occasions imprévues, où l'amour-propre humilié a coutume de se peindre dans les
Ames immortifiées, ou sous les nuages
de la honte ou dans les saillies de l'hu-
meur, la Princesse toujours égale, et
sans paroître étonnée de sa fragilité, convenoit ingénument d'une imprudence ou
d'une erreur, et voyoit un tort dans un
tort, sans y chercher d'autre excuse que
celle que trouve la Vertu dans l'humble
aveu de sa faute et la volonté de mieux
faire. Une Religieuse se plaignoit à Mad.
Louise de ce que les progrès d'une Novice, dans les ouvrages de l'aiguille,
étoient bien lents. " Vous pourriez, lui
» répondit la Princesse, me faire aussi
» le même reproche. Il est fâcheux que
» M. son Pere ait oublié, comme le mien,
» de faire entrer la couture dans notre
» éducation. » Le mot ne fut pas sitôt
lâché, que Madame Louise, voyant dans
ce rapprochement un trait d'orgueil im-
pardonnable, ne crut pouvoir l'expier

que par d'humbles excuses, et le désaveu
le plus solemnel. Un autre jour, pendant
une récréation, Madame Louise, alors
Prieure, en avertissant, pour la seconde
fois, une Religieuse de se rendre au Parloir, lui dit qu'elle se faisoit attendre. La
Religieuse, que la curiosité d'entendre
la fin d'un récit commencé retenoit, répondit qu'il arrivoit bien quelquefois aussi
à la Mere Prieure de se faire attendre.
« Oui, reprit Madame Louise ; mais nos
raisons peuvent n'être pas les mêmes. »
Telle Supérieure se seroit applaudie de
sa modération, après s'étre contentée
d'opposer ce peu de mots simples et vrais
au langage de l'irrévérence : mais la Princesse craint d'avoir obéi à l'orgueil, et,
à l'instant, elle se prosterne aux pieds de
ses Filles, baise la terre, demande pardon de ce qu'elle cherche ainsi à se jus-
tifier, et s'écrie : « J'ai toujours été une
» orgueilleuse; et, après avoir tout quitté,
» je retrouve encore en moi les folles dé-
» licatesses de l'amour-propre. »

La seule crainte d'avoir dit un mot qui
ait pu faire la plus légere peine à une de

ses Sœurs , suffisoit pour que Madame
Louise lui en fit ses excuses. Sa délicatesse, à cet égard, étoit si grande que ,
quelquefois , des Religieuses la voyoient
à leurs genoux et leur demandant pardon, sans qu'elles sussent pour quel sujet.
Comme la derniere des Novices , après
avoir été Supérieure , elle demandoit à
celle qui lui succédoit la moindre permission à genoux, et se soumettoit, avec la
plus édifiante simplicité , à toutes ces
pieuses pratiques, qui rappellent la sainte
folie de la Croix , et que la Religion
cache dans le Cloître aux regards profanes qui s'en scandaliseroient. Dans une
de ces Cérémonies destinées à retracer
les leçons de l'humilité chrétienne, comme
la Princesse se prosternoit pour baiser les
pieds d'une Novice , la jeune Personne ,
dans des sentimens semblables à ceux de
Pierre , qui ne peut souffrir que le Sauveur du Monde s'humilie devant lui, recule et pense se trouver mal, en voyant
à ses pieds la Fille de son Roi. Madame
Louise lui dit avec bonté : "Qu'avez-vous
donc, je vous prie ? est-ce que je ne suis

» pas votre Sœur, et une Carmélite
» comme vous ? »

S'il lui échappoit quelqu'une de ces
fautes pour lesquelles il est d'usage que
les Filles de Sainte Thérese s'accusent
aux pieds de leur Prieure, elle le faisoit
de la maniere la plus franche et la plus
humble. Il y avoit peu de temps qu'elle
avoit quitté la Supériorité, lorsqu'un jour
la nouvelle Prieure lui adressa la parole,
en pleine Communauté, sur le ton de la
réprimande, pour un manquement qui
n'étoit pas bien grave. A l'instant même
la Princesse, l'ancienne Prieure, se met
à genoux, se prosterne, écoute l'avis,
qui est assez long; ne laisse pas échapper
le moindre signe d'improbation, ni même
d'étonnement, et se retire dans le silence
du respect. A la premiere occasion, elle
remercia cordialement la Prieure du gage
qu'elle lui avoit donné de son attachement, et la conjura de le lui continuer.

C'étoit faire une vraie peine à Madame
Louise que de rappeler une action, ou
de tenir un propos en sa présence, qui
pût tourner à sa louange; et, si une Re-

ligieuse se permettoit de le faire, elle ne
manquoit pas de l'en reprendre. « Il ne
convient pas à des Chrétiens, disoit-elle,
et sur-tout à des Religieuses, de se tendre
des piéges par la flatterie. On nous loue,
disoit-elle encore, de nos vertus appa-
rentes, et Dieu nous condamne pour
nos défauts réels. » On lui parloit des sentimens de reconnoissance qu'une Abbesse
conservoit pour elle. « Je sais à quoi m'en
» tenir, répondit-elle, et que tout doit
» être admirable en moi, depuis qu'on
» m'a fait *bonne renommée, qui vaut*
» *mieux que ceinture dorée.* » Peu de
temps après la retraite de la Princesse à
St.-Denis, l'Enfer, pour détourner l'effet
que devoit produire ce grand exemple,
suscita des méchans, qui oserent calomnier et son sacrifice et sa vertu, dans des
Libelles atroces. Lorsqu'on lui en dit le
contenu, bien loin de témoigner aucun
sentiment d'aversion, ou seulement de
mépris pour les Auteurs, elle se contenta de dire : « Tant de bonnes Ames,
» qui ne me connoissent pas, exagerent
» le bien qui est en moi, que j'aurois

» bien tort de trouver mauvais que d'au-
» tres, qui ne me connoissent pas mieux,
» en exagerent le mal. » On lui disoit
que de pareilles Gens étoient bien dignes
de châtimens. « Dites plutôt de recon-
» noissance, répondit-elle; car ceux qui
» nous calomnient nousfont plus de bien,
» que ceux qui nous flattent ; et, quand
» nous prions pour nos Bienfaiteurs, nous
» devons les avoir particuliérement en
» vue. »

Son humilité ne lui permettoit pas d'hésiter, lorsqu'il s'agissoit de faire un sacrifice pénible à l'amour-propre. Une
personne qui lui devoit de la reconnoissance et du respect, s'étoit permis à son
égard des procédés offensans. Elle le sentit; mais, en l'avouant à son Supérieur,
elle ajoute : « A bas la sensibilité. J'ai
» tâché de mettre ce sentiment au pied
» de la Croix, pour ne suivre que ceux
» de la Religion... Pour ce qu'il y a eu
» à donner à Dieu, dans cette affaire,
» cela a été bientôt fait. Je ne m'y suis
» arrêtée que pour pouvoir vous en rendre
» compte. Je traite ces sortes de choses

E 4

» comme les guêpes qu'on chasse au
» plutôt. »

Aucun office dans le Monastere, nous
en avons déjà fait la remarque , aucune
fonction ne lui paroissoit être au-dessous
d'elle. Ballayer , frotter les planchers,
laver la vaisselle , servir les Vieilles et
les Infirmes, jusqu'à les habiller et nouer
les cordons de leur chaussure ; soigner les
malades et panser habituellement leurs
plaies les plus dégoûtantes , rien de tout
cela ne répugnoit à son humble vertu.
On eût dit qu'elle se croyoit encore trop
honorée , en se plaçant au dernier rang
parmi ses Sœurs. Ayant vu un jour une
Image qui représentoit une ânesse pais-
sant dans des broussailles : « Voilà, dit-
elle , mon vrai portrait , et elle écrivit
au bas : *Ut jumentum apud te.* (Je suis
devant Dieu comme cet animal.) Elle
étoit alors Supérieure , et l'on devoit,
suivant l'usage , lui présenter un bouquet
le jour de sa Fête , qui n'étoit pas éloigné.
Elle parut désirer si sincerement qu'on
ne lui en offrît pas d'autre que ce qu'elle
appeloit son portrait, qu'on la satisfit,

Le désir de s'humilier de ses manquemens, la rendoit attentive à tous les
moyens de les connoître. Une ancienne
Religieuse recommandable par ses vertus,
et qui avoit précédé Mad. Louise dans la
Supériorité, avoit soumis à l'examen de
sa Prieure les pieuses résolutions qu'elle
avoit prises pendant une retraite. La Princesse, après les avoir lues, les remit à
la Religieuse, en lui disant : « Il n'y
» manquoit qu'un article, mais assez es-
» sentiel, pour que j'aie cru devoir ré-
» parer votre omission. » Elle avoit écrit
au bas de ces résolutions : « *Je serai*
fidelle à avertir et reprendre notre Mere
de ses fautes. »

Dans ces dispositions, tous les événemens de la vie servoient d'aliment à son
humilité, et l'entretenoient dans la crainte
du Seigneur. Après avoir exposé à son
Supérieur les moyens qu'elle employoit,
pour rappeler au Monastere quelques Religieuses, que le Jansénisme avoit autrefois jetées dans l'apostasie, elle ajoute :
« Hélas ! nous n'en avons pas tant fait
» qu'elles, en apparence ; mais les pro-

» diges de la miséricorde de Dieu n'en
» sont pas moins grands sur nous; et ,
» que serions-nous devenues, en bien des
» occasions de notre vie , s'il ne nous eût
» préservées de la mort ? Pour moi, en
» mon particulier , je ne puis y penser
» sans frayeur , et sans attendrissement
» sur sa miséricorde à mon égard. Priez-le ,
» mon Pere , qu'il ne me traite pas selon
» sa justice , et que je profite des graces
» qu'il m'a faites , et particuliérement de
» celle de ce Jubilé , qui sera peut-être
» le dernier de ma vie. » A l'occasion
des miracles que l'on publioit du Bien-
heureux Labre : « Il est sûr , écrivoit-
» elle au même, que chacun , dans notre
» état, nous avons les moyens de devenir
» aussi Saints que lui, sans aller à Rome.
» Nous n'avons qu'à bien faire tout ce
» que nous faisons , qu'à le faire unique-
» ment pour Dieu. C'est là une vérité
» bien consolante , et en même-temps
» bien terrible , sur-tout pour moi. J'ai
» paru vouloir prendre la vie la plus par-
» faite. Hélas ! si j'allois me perdre après
» cela. Priez Dieu , mon Pere , pour que

» ce malheur ne m'arrive pas. Vous y
» êtes plus intéressé qu'un autre, puisque
» vous m'avez reçue dans l'Ordre ; et ,
» comme votre ancienne Brebis, j'ai plus
» de droit à vos prieres que toute autre. »

Le Juste s'avance de vertu en vertu ;
et , plus il s'approche de la divine clarté,
plus il découvre en lui d'imperfections et
de taches. Ainsi vit-on Madame Louise ,
peu d'années avant sa mort, s'élever , en
quelque sorte , au-dessus d'elle-même ,
courrir avec une ardeur plus marquée
dans les voies de la perfection ; et, portant un regard sévere sur le passé, déplorer amerement , et comme des crimes ,
les moindres imperfections qu'elle découvre dans les années de sa Vie religieuse ,
ces années si précieuses, l'admiration du
monde chrétien et l'édification du cloître.
Il faut l'entendre elle-même , dans la
pieuse erreur de son zele actuel , calom-
niant ses vertus passées , et s'accusant
d'avoir retardé jusqu'alors la plénitude de
son sacrifice. « Ce qui me prouve plus
que jamais , écrit-elle à M. l'Abbé Bertin , que le Bon-Dieu me veut toute à

E 6

lui, c'est que plus je suis fidelle, plus je suis forte et disposée à tout. Rien ne me fatigue davantage à présent que de me reposer ; je n'ai plus ni maux d'estomac ni maux de reins : la chaleur même ne m'incommode plus. Ah ! mon Pere, il n'y a rien de tel que de prendre une bonne résolution. Non, je ne me consolerai jamais d'avoir été treize ans pour me déterminer à la prendre. Tant il est vrai, comme je l'éprouve, qu'on fait ce qu'il y a de plus fort, et qu'ensuite on saigne du nez pour des miseres. Mais, enfin, le Bon-Dieu a ses desseins et ses permissions. Il y a bien de quoi, en ceci, me tenir dans l'humiliation le reste de ma vie. Priez, mon Pere, pour votre pauvre Fille aînée, qui mériteroit bien d'être au dernier rang dans le Temps et dans l'Eternité. Oui, elle seroit bien heureuse, si elle obtenoit une petite place dans le Paradis, derriere la porte. Ainsi soit-il. Mais elle a encore bien du chemin à faire pour y parvenir. Vous ne me croirez pas. Je voudrois bien que le Bon-Dieu pensât comme vous : mais il sonde le fond des cœurs; il voit tout, rien ne lui est caché. »

Dans une autre Lettre, où elle rend compte à son Supérieur des heureuses dispositions qui l'animent, elle a soin de ne pas s'en attribuer le mérite ; elle en assigne plusieurs causes étrangeres. « Je » le dois encore, dit-elle, à la ferveur de » mes Novices qui, réellement, m'ont » pénétrée de confusion, de les voir si » occupées de Dieu, si détachées de tout, » si mortifiées ; tandis que moi, établie » pour montrer le chemin de la Vertu, » j'étois si loin d'elles. » Enfin, une chose l'inquiete encore dans son humble vertu, c'est de ne pouvoir se dérober aux yeux de ses Sœurs, qui l'apprécient au-dessus de ce qu'elle est. « Ce qui me fait de la » peine, continue-t-elle, c'est qu'on s'en » aperçoit dans la maison, et qu'on pren- » dra cela pour de la sainteté. Oui, c'est » là la seule peine qui me reste. Mais, » que voulez-vous ? il vaut mieux édifier » que scandaliser. Il y aura de quoi faire » de bons actes d'humilité, cette vertu » que je trouve de si dure digestion,

» mais si nécessaire au Salut. Redoublez
» vos prieres pour moi , mon Pere ; j'y
» ai grande confiance. »

L'humble Princesse , dans presque toutes ses Lettres , sollicitoit des prieres.
Nous en avons déjà cité assez de preuves,
pour nous contenter d'y ajouter les traits
suivans : « J'ai une grace à vous demander : priez demain pour le Roi, mais de
toutes vos forces , et n'oubliez pas la
pauvre Carmélite... Vous connoissez les
besoins de mon ame , priez Dieu qu'il
m'en délivre.... Quand vous êtes sur la
Montagne sainte , et que vous parlez à
Dieu face à face , dites-lui un mot pour
la pauvre Sœur *Thérese-de-St.-Augus-
tin* , afin qu'il lui pardonne ses péchés...
Priez pour moi , et recommandez-moi
souvent à vos saintes Filles. Si on me
connoissoit bien, toutes les bonnes Ames
s'empresseroient de prier pour moi.... Il
y a aujourd'hui seize ans que j'ai commencé à porter les livrées de Jesus-Christ;
mais hélas ! que j'ai été infidelle à mon
Dieu ! priez pour moi. »

On ne sera pas surpris , d'après ces dis-

positions, si la vertu qui contrarie le plus
le penchant violent de l'homme pour l'in-
dépendance, paroissoit ne rien coûter à
Madame Louise. Celle qui étoit accoutumée à commander dans le monde, ne
sut plus qu'obéir, en entrant dans le
Cloître : et le joug de l'obéissance devint
pour elle un joug si doux, que jamais
elle ne consentit à en être entiérement
déchargée. Nommée Prieure, sa grande
peine eût été de perdre quelque chose
des avantages de la dépendance ; et elle
imagina un moyen d'en conserver tout
le mérite. Elle engagea le Supérieur de
la maison de lui désigner une Religieuse
à laquelle, pour tout ce qui regardoit sa
conduite particuliere, elle rendroit l'obéissance, tandis qu'elle-même exerceroit l'autorité sur les autres.

Toujours disposée au sacrifice le plus
entier de ses idées et de ses goûts, à la
premiere place comme au rang de simple
Religieuse, elle ne se permettoit rien
qui fût de quelque importance, sans avoir
consulté ses Supérieurs, dont les conseils
devenoient pour elle des ordres. Il suffi-

soit qu'ils lui laissassent entrevoir qu'ils
ne pensoient pas comme elle dans une
affaire, pour qu'elle se déterminât à penser comme eux ; et, s'ils eurent quelquefois à lui parler d'obéissance, ce ne fut
que dans les cas où ils vouloient modérer
l'ardeur de son zele. L'obéissance alors
lui coûtoit, mais elle n'en obéissoit pas
moins généreusement. A l'occasion d'une
incommodité qui lui étoit survenue, on
lui avoit prescrit, comme un adoucissement, un régime qui, par le fait, la gê-
noit beaucoup et ne la soulageoit pas.
Elle obéit et souffrit, sans faire aucune
représentation : elle ne s'en permettoit
jamais qui tendissent à alléger pour elle le
fardeau de l'obéissance. Une Supérieure,
un jour, avec plus de zele que de prudence, lui enjoignit d'écrire, pour une
affaire, à une Personne en place. La Princesse commença par obéir. Sa lettre écrite,
elle représente les inconvéniens qu'elle
trouve à ce qu'elle soit envoyée. La Supérieure insiste : Mad. Louise, aussitôt,
fait taire sa sagesse et sacrifie ses répugnances ; craignant moins de s'exposer à

un reproche d'indiscrétion qu'à celui que lui feroit sa conscience, si elle négligeoit la pratique de l'obéissance.

On se rappelle que la Princesse avoit à peine fait profession, que la Communauté jugea à propos de lui confier la direction du Noviciat. Le Supérieur de la maison, ayant pressenti ses dispositions à ce sujet, elle ne lui dissimula pas la crainte qu'elle avoit qu'un tel fardeau ne fût bien pesant pour son inexpérience ; mais elle ajouta : « J'ai fait mes vœux ; je ne suis plus à moi, je suis à l'Obéissance. Tout ce que je demande à Dieu, c'est de ne jamais faire une démarche pour rien obtenir ni pour rien refuser. » Etant chargée de l'emploi, elle écrivoit : « Je désirerois bien n'avoir point à répondre des autres, moi qui puis si peu répondre de moi-même ; mais je suis tranquille, parce que j'obéis. » C'est ainsi que, dans les choses qui contrarioient le plus ses sentimens et sa maniere de voir, elle accompagnoit les observations que lui suggéroit sa conscience d'une résignation absolue à tous les sacrifices de l'obéissance. Ayant appris

que ses Compagnes, contre l'usage ordinaire, songeoient à l'appeler de nouveau
à la Supériorité, trois ans seulement
après qu'elle en eut été déchargée, elle
crut devoir engager M. l'Abbé Bertin
à les détourner de leur projet. En lui
exposant ses motifs : « Ce n'est, je pense,
lui écrivoit-elle, ni fausse humilité, ni
paresse qui me fait parler. L'emploi que
j'ai, (celui de Maîtresse des Novices) et
que, vraisemblablement, on me laiss-
sera, n'est pas de moindre importance ;
et le travail n'en est pas petit. Je sais
que je suis sous l'obéissance, et j'espere
travailler toute ma vie sous l'obéissance,
soit d'une façon ou d'une autre : et, si
j'insiste sur la continuation du Priorat
entre les mains de notre mere, c'est parce
que cela seroit sûrement ainsi, sans que
l'on pût penser autrement, si je n'avois
pas été jadis *Madame Louise* ; c'est parce
que la Communauté est dans d'excellentes
mains, et qu'elle le sent bien... Je suis
dans la sincere résolution, mon Pere, de
devenir bonne Religieuse. Secondez la
grace de Dieu, en me procurant de vivre

encore ces trois ans sous l'obéissance.
Vous ferez mon bonheur en cette vie, et
vous l'assurerez pour l'autre, car je suis
bien résolue, sur-tout depuis deux mois,
de profiter des graces que Dieu me fait;
et je crois pouvoir vous assurer que, depuis ce temps, je commence à travailler
tout de bon à devenir Carmélite. » Après
quelques autres réflexions, elle ajoute :
« Tels sont, mon Pere, mes vrais sentimens, mes besoins spirituels et temporels. Au nom de Dieu, secourez ma
foiblesse, et la bonne volonté que j'ai de
faire ce que je pourrai. Quoique vous
ayiez un grand goût pour la soumission
à la volonté de Dieu, vous ne voudriez
pas faire de moi une Martyre de l'obéissance. Sur ce, je vous laisse, mon Pere,
à réfléchir avec le Bon-Dieu sur ce qui
sera du plus grand bien pour mon ame...
Au reste, *fiat voluntas*. Pourvu que nous
arrivions au Ciel, c'est l'essentiel. Mais,
pour y arriver, il faut se corriger de tel
et tel défaut, acquérir telle et telle vertu;
et c'est à quoi je veux travailler. »

Chargée, tout à-la-fois, de la direc-

tion du Noviciat et du temporel de la
maison , après avoir exercé la Supériorité pendant six ans , Madame Louise ,
avec toute l'exactitude et la simplicité
d'une Novice , se rendoit à toutes les
heures du jour auprès de sa Prieure , tantôt
pour lui rendre compte de la conduite de
ses Eleves , tantôt pour prendre son avis
sur les dépenses à faire pour la Communauté , ou bien pour recevoir d'elle les
moindres permissions. J'eus l'avantage
d'être un jour moi-même témoin de la
religieuse exactitude de la Princesse à cet
égard. Je lui présentois l'*Histoire du Roi
de Pologne* , son Aïeul : « Pardon , M.
l'Abbé, me dit-elle ; il faut que , pour
mon étourderie , je vous quitte un instant. Je viens de demander à notre Mere
de venir au Parloir ; je savois pourquoi
j'y venois, et j'ai oublié de lui demander
la permission de recevoir votre Ouvrage.
« Frappé d'une si grande ponctualité aux
observances, je marquai quelque surprise
à un Ecclésiastique attaché à la maison,
de ce que Madame Louise n'avoit pas au
moins le petit privilége de pouvoir ac-

cepter provisoirement un présent de cette
nature, sauf à en soumettre ensuite la
disposition à sa Supérieure. « Vous connoissez peu, me répondit-on, combien
la sainte Princesse a l'esprit de son état,
et jusqu'où elle en porte la perfection. Il
lui seroit, sans doute, bien facile de se
munir de ces permissions générales : elles
lui ont même été offertes ; mais elle
trouve trop d'avantage à sentir l'impression immédiate de l'obéissance, et elle
est bien-aise d'augmenter le trésor de ses
mérites en répétant, à toutes les heures
du jour, les actes de soumission qui lui
rappellent sa dépendance. »

Tous les autres sacrifices coûtent moins
à la nature que celui de la volonté propre ; et l'offrande des commodités de la
vie est une offrande facile, pour l'Ame
qui a su faire à Dieu celle de sa liberté.
Elevée au sein de l'opulence, Madame
Louise ne rappeloit à ses Sœurs son éducation et sa naissance, que par le contraste d'un dépouillement plus absolu. Ce
n'étoit pas seulement avec résignation,
c'étoit gaîment et avec joie qu'elle sup-

portoit les privations et tous les inconvéniens attachés au genre de vie qu'elle
avoit embrassé. Comme les Carmélites
n'ont qu'un lit fort étroit dans leur étroite
cellule, il arrivoit souvent à la Princesse,
dans les commencemens de son séjour
dans le Monastere , de donner de la tête
contre le mur , pendant le sommeil , et
même de se trouver par terre. On lui
suggéra divers moyens faciles de parer à
ces inconvéniens ; mais , ne voulant s'é-
carter en rien de l'esprit de Ste. Thérese ,
elle s'y refusa , en disant , qu'il falloit
bien qu'elle apprît à devenir Carmélite la
nuit comme le jour. Elle consentit seulement , après en avoir reconnu l'indispensable nécessité , non pas à ce qu'on
fit pour elle la dépense d'une paillasse
neuve , mais à ce qu'on élargît celle qui
étoit à son usage. Rien ne parut jamais
l'étonner dans le séjour de la pauvreté.
Celle qui , toute sa vie , avoit été vêtue
des habits somptueux de la mollesse , on
la voyoit porter , comme toutes ses Compagnes , des chemises de serge commune ;
et ses draps de lit étoient de la même

étoffe. Elle avoit pour bas des chausses
de grosse toile , pour souliers des pantoufles de cordes sans talons ; et son vêtement étoit d'une bure grise la plus
grossiere. Elle n'avoit jamais qu'une seule
robe à son usage. Quand elle étoit per-
cée , elle la raccommodoit. Pendant dix-
sept ans qu'elle fut Carmélite , elle n'en
usa que trois , et porta la derniere l'espace de huit ans. Rien ne peignoit mieux
la pauvreté que ce vieil habit de la Princesse , alors Prieure. Elle l'avoit rapetassé
en plusieurs endroits avec de l'étoffe
neuve ; ce qui le rendoit de différentes
couleurs. Une jeune Religieuse , qui vouloit l'engager à s'en donner un neuf , lui
disoit que la Communauté seroit honteuse si quelqu'un de la Famille Royale
la voyoit si mal habillée. Mad. Louise la
reprit de cette fausse délicatesse , et lui
dit : « Depuis quand donc seroit-ce une
honte de suivre l'esprit de notre saint
état ? Ma Famille ne sait-elle pas que j'ai
fait vœu de pauvreté , et que c'est, sur-
tout , dans la Place que j'occupe qu'on
doit en donner l'exemple ? » Elle le donna

dans toutes les Places et dans tous les
temps.

Chez les Carmélites, l'usage du linge
est commun entre toutes les Religieuses,
et l'on savoit que Madame Louise ne vouloit pas de distinction. Dès qu'elle eut pris
l'habit, on ne lui donna plus que le linge
de la maison, qu'on avoit soin, cependant, de lui choisir neuf. La Princesse
s'en étant aperçu, demanda s'il étoit
d'usage que les Novices rabbatissent les
coutures pour les autres? Elle ajouta que,
dans ce cas, elle rendroit bien volontiers
ce petit service aux vieilles Meres; mais
qu'elle seroit très-fâchée qu'on pût avoir
d'autres motifs en lui faisant essayer tout
le linge neuf. Quand on vit que cette attention n'étoit pour elle qu'une vraie
peine, on la lui épargna. Le linge, ou
les vêtemens qu'on lui présentoit pour
son usage, étoient toujours trop bien
conditionnés ou trop fins à son gré. Elle
portoit des voiles rapiecetés; et, lorsqu'elle avoit le choix, elle ne manquoit
pas de préférer ce qui annonçoit le mieux
la pauvreté. Une jeune Religieuse, à
portée

portée de juger de sa prédilection pour ce qu'il y avoit de plus grossier ou de plus vieux dans tous les genres de vêtemens, lui disoit qu'elle ne désespéroit pas de la voir, quelque jour, s'affubler d'un torchon en guise de voile. « Je vous avoue, ma sœur, lui répondit Mad. Louise, que j'aimerois mieux le faire que de m'éloigner le moins du monde de la simplicité de notre Sainte mere. » Un jour qu'elle se trouvoit gênée dans des pantoufles trop étroites, elle en trouva par hazard une paire de vieilles fort mal propres, pour avoir été à l'usage d'une sœur du voile blanc employée à la basse-cour. Elle s'en empara, les trouva très-commodes et ne voulut pas qu'on lui en procurât d'autres.

La Cellule que la Princesse habitoit, lors même qu'elle étoit Prieure, n'étoit ni plus grande, ni moins pauvre que les autres. Un Crucifix, trois Images de papier, une chaise de paille et une petite table de bois en faisoient tout l'ameublement, avec son lit; c'est-à-dire, une paillasse de longue paille bien piquée,

et presque aussi dure que les planches qui
la soutenoient. Pendant quelque temps ,
elle occupa la cellule la plus triste et la
plus incommode qu'il y eût dans la maison.
On lui proposoit d'y faire faire plusieurs
réparations , qu'elle eût jugées nécessaires
pour toute autre Religieuse ; elle les re-
garda comme inutiles pour elle-même , et
ne souffrit pas qu'on les fît. Ses croisées
joignoient si mal que le vent éteignoit sa
lampe : elle les calfeutroit avec du papier,
obligée de recommencer l'opération chaque fois qu'elle les ouvroit. Une Religieuse,
pour écarter l'humidité de cette cellule y
avoit quelquefois porté un réchaud, dans
l'absence et à l'inçu de Mad. Louise. La
Princesse , l'ayant un jour surprise dans
cet exercice de charité , l'en réprimanda
comme d'une grande faute contre l'esprit
de pauvreté : « Que feront donc les gens
du monde, lui dit-elle , si des Carmélites
cherchent à se défendre, par de telles pré-
cautions , contre l'influence des saisons que
Dieu fait ? » Dans un temps où elle étoit
malade , et tenoit le lit à l'infirmerie, on
lui proposa de passer dans l'appartement

où elle recevoit la famille Royale : ce
qu'elle refusa hautement. Les Princesses
ses sœurs l'étant venu voir, joignirent
leurs représentations à celle des Religieuses, et lui dirent, qu'elle seroit bien plus
commodément en cet endroit; « Oh ! *plus*
commodément, répondit-elle, cela n'est
pas douteux ! mais le plus commode n'est
pas ce qu'on vient chercher ici ; et en
maladie comme en santé, il faut se souvenir qu'on est Carmélite. » Lorsque les
Princesses furent sorties, elle dit à la
Religieuse chargée de la soigner : « Si cependant ma maladie devenoit bien
sérieuse, et que mes sœurs fissent de
nouvelles instances, peut-être faudroit-
il charitablement, et pour ne pas trop les
contrister, me rendre à leur désir; mais
songez bien au moins, qu'en ce cas, il
faudroit commencer par transporter le lit
de l'infirmerie, et que je ne consentirois
jamais à en avoir d'autre. »

En apportant l'aisance dans le Monastere de St.-Denis, Mad. Louise y avoit
apporté, plus qu'aucune autre Religieuse, l'esprit de dépouillement et de

pauvreté ; et l'on eût dit, qu'avoir donné
plus à la maison , étoit une raison pour
elle d'y dépenser moins. La pension que
lui faisoit le Roi , étoit tellement la pension de la Communauté , que jamais elle
ne demanda qu'il en fût fait la moindre
distraction, pour être employée suivant
ses vues particulieres. Elle se seroit même
fait scrupule de suggérer l'application des
aumônes , dont cette pension fournissoit
les fonds. Dans le temps qu'elle étoit
Prieure , l'entiere disposition en étoit
également réservée au Supérieur de la
maison et au vœu général de la Communauté. Un procès-verbal de visite , faite
en 1781 , porte que les Carmélites de
St.-Denis emploient une partie de leurs
revenus au soulagement des Pauvres.
« Nous avons vu avec consolation , y
est-il dit, que l'augmentation de leurs
revenus n'a rien changé à leur maniere
de vivre simple et modeste , et ne leur
a rien fait perdre de l'esprit de pauvreté,
dont la Révérende mere *Thérese-de-St.-*
Augustin leur donne de grands exemples.»
Ce n'étoit pas assez pour elle d'avoir

renoncé à toute espece de propriété, elle craignoit encore de .trop s'attacher aux choses même dont elle avoit l'usage ; et, pour peu qu'elle crût y être affectionnée, elle cherchoit l'occasion d'en faire le sacrifice. C'est ainsi que certains petits présens , qu'elle recevoit quelquefois avec permission, elle s'en privoit aussi - tôt par vertu.

Comme le monde connoît peu jusqu'où s'étend l'esprit de dépouillement pour la vraie Religieuse ; Mad. Louise , dans laquelle on voyoit toujours la fille du Roi , étoit encore excédée dans sa retraite , de sollicitations et de demandes indiscretes , dont elle ne pouvoit se défendre qu'en alléguant les devoirs et l'esprit de son état. " C'est la plus grande pauvreté que puisse pratiquer la fille du Roi, écrivoit-elle , dans une de ces occasions , que de ne pouvoir plus faire de bien à personne. Aussi est-ce par ce côté que la pratique de cette vertu me coûte le plus ; une Carmélite ne manquant jamais de rien pour elle-même, quoiqu'elle n'ait que le juste nécessaire. Si j'ai joui autrefois du

bonheur de faire des heureux, en me con-
sacrant à Dieu, je lui ai sacrifié jusqu'à
cette douceur. » Dans une lettre à la
Prieure des Carmélites de Moulins.
« Sans cesse, dit - elle, on vient me demander, soit des graces, soit l'aumône.
Je réponds que je n'ai que la nourriture
et le vêtement que la Communauté veut
bien me donner : que je ne me mêle de
rien que de dire mon Bréviaire, de ballayer et d'écouter les sœurs, où que je
ne me mêle que des affaires de l'Ordre.
Si on me demande de l'argent, je donne
la charité du Couvent : 2 sous, 12 s.,
24 s.; cela ne passe jamais trois livres. »
Un jour que la pieuse Supérieure conversoit familierement avec ses filles; « Ne
craignons pas, leur dit-elle, de nous ap-
pauvrir nous - mêmes pour le soulagement de nos pauvres maisons. L'abondance perd les Communautés, le travail et la pauvreté les soutiennent. Peut-
être qu'après moi ma famille se souvien-
dra encore de vous ; mais je conseille à
celles qui me survivront de ne jamais
chercher à se faire des protections à la

Cour. J'ai quitté ce pays - là pour faire
mon salut : celles que des vues humaines
y conduiroient mettroient le leur en grand
danger. »

Lorsque Madame Louise eût été élue
Prieure pour la premiere fois, on fit réparer plusieurs parties de bâtimens qui
tomboient de vétusté. Les ouvriers, songeant qu'ils travailloient dans une maison
habitée par une Princesse , croyoient
pouvoir s'écarter des regles de la simplicité prescrite chez les Carmélites. L'un
d'eux , chargé d'arranger la chambre intérieure du tour , s'étoit avisé d'en façonner la boiserie. Mad. Louise lui fit
des reproches sur ce qu'il s'étoit donné
plus de travail qu'on ne lui en avoit commandé , et lui enjoignit de recommencer
l'ouvrage , sans y mettre aucun ornement.
Mais , celui-ci, ayant représenté que les
planches étoient coupées et ajustées pour
l'endroit , et qu'il seroit bien dur pour lui
d'en supporter la perte : « Hé bien , lui
répondit Mad. Louise, passez - donc le
rabot sur ces gentillesses , qui ne conviennent point dans nos maisons ; ou bien ,

ce qui est plus simple encore , mettez-les
à l'envers : » ce qui fut exécuté. Un autre , ayant reçu ordre de faire les croisées
d'un appartement , les disposa à la mo-
derne , pour recevoir de très-grands carreaux ; et , comme la Religieuse , chargée
de surveiller les ouvrages de la maison
n'avoit pas réglé la forme de celui - ci ,
Mad. Louise crut qu'il étoit juste de le
recevoir tel qu'il étoit ; mais , jugeant ,
d'un autre côté , qu'il seroit contraire à
l'esprit de pauvreté que des Carmélites
fussent exposées à casser des carreaux de
grand prix , elle décida que le vitrier , à
chaque place destinée à en recevoir un
seul, en mettroit quatre, qu'il adapte-
roit avec des plombs.

Lorsque , par égard pour le Roi , qui
entroit souvent dans le Monastere ; et
quelquefois, d'après le désir qu'il en marC
quoit, la Princesse, alors Prieure , jugeoit convenable de faire quelque réparation dans les bâtimens ; après avoir pris
l'avis du Supérieur de la maison et de la
Communauté , elle veilloit elle-même à
ce qu'on ne s'écartât pas dans l'exécution,

de la simplicité religieuse. L'Architecte
du Couvent lui ayant présenté le dessein d'une rampe qui devoit border un
escalier, construit particuliérement pour
l'usage du Roi et à ses frais, elle écrivoit
à ce sujet à M. l'Abbé Bertin. « J'ai trou-
» vé cette rampe trop belle pour une mai-
» son pauvre, et j'ai été effrayée quand
» j'ai su qu'elle seroit de mille écus. J'ai
» demandé le plan d'une autre qui ne coû-
» tera que cent francs. » Louis XV, à-
peu-près dans les mêmes circonstances,
ayant proposé aux Religieuses de faire
rétablir le plancher dégradé de leur
Chœur, quelques-unes d'entr'elles auroient été d'avis qu'on n'épargnât rien
pour rendre le plus beau possible ce plancher, qui ne devoit rien coûter à la
maison. « Pour moi, dit Mad. Louise,
» je désirerois qu'il n'y en eût pas de
» plus simple dans aucune maison de
» l'Ordre, et que notre Monastere pût
» toujours être cité comme un modele
» de l'esprit de notre Sainte Mere. »

Il eût été difficile, en effet, de trouver
une Communauté de Carmélites où le

vœu de pauvreté fût plus religieusement
observé qu'à St. - Denis. Mad. Louise
n'autorisoit, étant Prieure, que les dépenses de nécessité, d'utilité reconnue
ou de charité. Quant aux dépenses de
table et d'économie, elle s'en tenoit à
ce qui étoit déterminé par la regle ou
fixé par l'usage. Je vois, par exemple,
qu'elle ne permettoit pas à la pour-
voyeuse de la maison d'employer au-delà
de huit livres par jour pour l'achat du
poisson qui devoit nourrir sa nombreuse
Communauté ; et l'on sait combien cette
denrée est chère à Paris. Les primeurs et
les plus beaux fruits du jardin n'étoient
pas pour les Religieuses ; la Princesse les
faisoit vendre au profit des plus pauvres
Communautés de l'ordre. Je lis dans une
de ses lettres à une jeune Carmélite : « Je
» puis vous assurer que nous ne sommes
» ici ni mieux vêtues, ni plus délicate-
» ment nourries qu'on ne l'est dans nos
» autres Monasteres. Tout ce que nous
» épargnons est pour soutenir nos pau-
» vres maisons ; nous vendons même, pour
» cela, le meilleur fruit de notre jardin. »

C'est ainsi que, née dans la pourpre et nourrie dans l'opulence, la fille des Bourbons, par ses instructions et par ses exemples, appeloit ses Compagnes à la pratique la plus parfaite d'une vertu dont le nom même est ignoré dans le Palais des Rois. Plus attentive à multiplier les sacrifices de la pauvreté volontaire que ne l'est la Religieuse imparfaite à les mitiger, elle donnoit la plus grande extension au vœu qu'elle avoit fait de cette vertu, et condamnoit sans ménagement toute espece de réserve, de quélque prétexte qu'on la colorât. Elle blâma, un jour, une Religieuse, qui eût souhaité qu'on destinât à faire prier Dieu pour elle, après sa mort, la somme que les Carmélites sont dans l'usage de consacrer à l'impression de la lettre circulaire, par laquelle elles se donnent avis de la mort de leurs sœurs. "Une Carmélite, dit-elle, qui ne peut disposer de rien pendant sa vie, doit encore moins se permettre de manifester des dispositions qu'elle voudroit qu'on réalisât après sa mort. Ce n'est point à une prévoyance avare, c'est à la Providence et à la charité de ses sœurs qu'elle doit s'en remettre du soin de faire prier pour son ame. « Mad. Louise reprit quelquefois des Religeuses du désir qu'elles témoignoient d'entendre les Prédicateurs qui avoient le plus de célébrité. Ce sentiment , selon elle , blessoit l'esprit de pauvreté, et mettoit obstacle à la grace. Elle prenoit plaisir à louer ceux qui prêchoient avec zele et simplicité. « Dieu, disoit-elle, » accorde des applaudissemens aux grands » Orateurs ; et, aux bons Missionnaires , » le don de toucher les cœurs. »

Dans des dispositions si analogues à la sainteté de ses engagemens, la Princesse mettoit au nombre des grandes faveurs que le Ciel lui avoit accordées en Religion celle d'avoir un jour reçu l'aumône en personne. Une bonne ame, qui, en passant par St.-Denis, vouloit faire son aumône à une pauvre Communauté religieuse, demanda à parler à la Religieuse chargée de recevoir pour la maison : c'étoit alors Mad. Louise. Elle lui offrit une très-modique somme, en se recommandant aux prieres de la Communauté : « Dieu vous le rende, lui répondit hum-

» blement l'auguste Mendiante ; je vous
» promets que nos sœurs et moi _nous
» prierons bien pour vous ; » et, par ses
soins, la promesse eut tout son effet.

On peut dire que la sainte Princesse
portoit jusqu'à un pieux excès l'amour de
la pauvreté. On la vit calculer jusqu'au
prix des soins jugés nécessaires pour sa
santé, et dire, sur le ton de la convic-
tion, que c'étoit, sans doute, parce que
les Carmélites ne doivent pas laisser perdre les choses même les plus viles, qu'il
lui étoit permis de laisser soigner sa santé
par un Médecin. Mais, ce qui paroissoit
en elle plus admirable encore que la vertu
de pauvreté, c'étoit la maniere dont elle
la pratiquoit, avec un air toujours con-
tent et satisfait, un ton d'aisance et de
gaîté qui charmoit. Elle se jouoit, si l'on
peut ainsi parler, avec l'héroïsme de la
vertu. Le trait suivant nous a paru bien
remarquable. La Princesse se trouvoit
à l'infirmerie, au moment où une Religieuse venoit de prendre un vomitif.
L'infirmiere n'apportoit pas assez vîte le
vase nécessaire en pareille circonstance ;

et c'est une faute contre la pauvreté, chez les Carmélites, quelque simples que soient les meubles et effets de la maison, de les laisser tacher ou salir. Mad. Louise, vu l'urgence, s'approche de la malade, lui présente les mains en forme de vase, et lui dit : « Point de façon, ma sœur, servez-vous de cette cuvette en attendant l'autre. » Aussi - tôt dit, aussi - tôt fait ; et Mad. Louise ajoute, en riant : « Vous allez voir qu'un peu » d'eau fera mon affaire ; et notre plan- » cher n'est point gâté. »

Toujours guidée par les mêmes motifs de Religion ; et, parce qu'une vie pauvre est essentiellement une vie laborieuse, la Princesse s'appliquoit au travail avec une constance infatigable. Aucune Religieuse ne s'acquittoit avec plus de zele et d'exactitude des devoirs attachés à son emploi particulier ; et, quelquefois elle en réunissoit deux. Ainsi la vit-on chargée, en même temps, du Noviciat et de la Dépense ; de la Supériorité et du Noviciat. Obligée, suivant les Constitutions du Carmel, de rem-

placer la Prieure qui étoit morte, parce
qu'elle l'avoit immédiatement précédée
dans le même emploi, elle écrivoit à ce
sujet à une Religieuse. « Si vous voulez
» savoir mon petit secret, j'ai gardé mes
» Novices. Je m'en tirerai comme je pour-
» rai, Dieu aidant.... Il faut qu'il me sou-
» tienne ou qu'il me donne son saint Pa-
» radis. Il n'y a pourtant pas encore
» d'apparence que ce soit de sitôt ; car,
» au milieu de toutes ces traverses, je me
» porte bien : je sens d'ailleurs que je
» suis encore bien loin de le mériter. »

Quoique Mad. Louise eût pour principe de ne se mêler au-dehors que d'affaires qui intéressassent la Religion ou
son ordre ; comme on s'adressoit à elle
de toutes parts, et que sa charité ne se
refusoit à aucune bonne œuvre compatible avec son état, sa correspondance
devenoit un travail, qui eût occupé seul
une personne moins active. Elle écrivoit
elle-même toutes ses lettres ; et, quelquefois encore, elle servoit de secrétaire
à ses compagnes. La Prieure d'une maison
étrangere lui demandant des nouvelles

d'une affaire dont elle l'avoit priée de se
charger , la Princesse lui répondoit : « Je
ne vous ai pas accusé la réception des papiers que vous m'avez adressés ; mais je
les ai envoyés à N. J'en ai à tant de
monde qu'à la fin de la semaine je ne sais
plus à qui j'ai récrit. Autrefois j'en tenois
registre , mais cela me prenoit trop de
temps , et je vous dirai que le nombre
de mes lettres m'a effrayée. Lors de la
fondation d'Alençon , cela alloit à deux
mille; et encore dit-on que je ne suis pas
exacte à répondre. » Ce que l'on disoit
n'étoit pas sans fondement ; car ne pouvant suffire aux occupations qui de toutes
parts appeloient son activité , elle avoit
soin de placer toujours le précepte avant
le conseil , et n'hésitoit pas à sacrifier les
relations même de la vertu aux observances de son état. C'est ce qu'elle faisoit
connoître à un Evêque dont elle estimoit
le mérite et la piété , en s'excusant auprès de lui de ce qu'elle ne lui écrivoit
pas plus souvent. « Si je donnois tant de
» temps à l'écriture , lui dit-elle , il fau-
» droit que l'observance en souffrît ; or ,

» je crois qu'elle est plus utile aux autres
» et à moi-même que l'écriture ; et je suis
» sûre que vous m'approuverez, sur-tout
» lorsque je vous avouerai ingénument
» que, lorsqu'on a passé trente ans à la
» Cour, c'est cette parfaite observance
» qui coûte le plus, non pas tant pour la
» fatigue, mais pour l'assujettissement. »

S'il arrivoit qu'après avoir satisfait aux
devoirs que lui imposoit son état ou que
lui prescrivoit sa charité, la laborieuse
Princesse pût disposer encore du moindre
petit instant, on la voyoit aussi-tôt, l'aiguille à la main, travaillant pour la maison ou pour les besoins des Pauvres : ou
bien elle aidoit quelqu'une de ses sœurs
dans son emploi. On eût dit qu'elle n'é-
toit entrée dans le Monastere que pour
y être la servante de toutes. Prieure et
Maîtresse des Novices, souvent elle ne
punissoit la négligence qu'en la suppléant.
Une Religieuse, une sœur du voile blanc
qui trouvoit son travail fait, sa cellule
arrangée, en concluoit qu'elle devoit en
remercier Mad. Louise. Il falloit qu'elle
fût malade pour cesser de travailler ; car

elle le faisoit encore lorsqu'elle n'étoit
qu'incommodée, assurant que le travail
devenoit pour elle un soulagement. Le
travail la suivoit jusqu'au Parloir, où
elle profitoit de l'avantage de n'être pas
vûe du dehors pour s'occuper, en entre-
tenant les personnes qui avoient à lui
parler. J'eus un jour l'occasion d'être
moi-même témoin de cette exactitude de
la Princesse à économiser son temps.
Comme elle faisoit un certain bruit, que
je devois entendre ; « Vous ne savez pas,
» me dit-elle, ce que je tripote ? » Elle
me fit connoître ce qu'elle faisoit ; et
elle ajouta : « Si je ne mets pas à profit
» tous mes momens, la besogne me ga-
» gne, et je ne puis plus me retrouver. »
Travailler, et travailler sans cesse étoit
devenu pour elle un vrai besoin : « A
» peine ai-je fait une chose, disoit-elle
» à une personne de confiance, que je
» sens que Dieu m'en demande une au-
» tre, et puis encore une autre après ;
» en sorte que je ne pourrois rester un
» seul instant dans l'inaction, sans une
» résistance positive à la voix de ma

» conscience, qui me crie continuelle-
» ment d'employer le temps à gagner
» l'Eternité. » A l'occasion de certains
jours de recréation que la regle accorde
tous les ans aux Carmélites, elle écrivoit
à une Religieuse du dehors : « Vous
» croyez que je m'en suis bien donné
» pendant nos *Licences ;* hé bien, vous
» vous trompez : elles ont été partagées
» entre mes lettres, mes Novices et mes
» comptes. Mais, lorsqu'on fait son de-
» voir, on est toujours contente. Je vou-
» drois seulement que les jours eussent
» plus de vingt-quatre heures, ou que
» l'on me permît de dormir une heure de
» moins. » On lui représentoit un jour
qu'elle s'excédoit par trop d'ardeur et
d'assiduité au travail. « Travailler et
» prier, répondit-elle, voilà notre état :
» tout le temps que je resterois les bras
» croisés, je cesserois d'être Carmélite.»

Lorsque la Princesse étoit Maîtresse
des Novices, elles ne recommandoit rien
tant à ses Eleves que l'application au travail, et la constance à combattre les
inclinations de la nature, amie du repos.

« Quand je me sens fatiguée et tentée
» de rester dans l'inaction, leur disoit-
» elle, je regarde notre Cloître , où mon
» corps doit se reposer jusqu'au Juge-
» ment dernier. Cette pensée me rend le
» courage , et je ne songe plus à écouter
» ni le chaud , ni le froid. » Parmi plusieurs avis qu'elle avoit donnés par écrit
à une de ces jeunes personnes, je trouve
ceux-ci : « Plus on aura ici de charité
pour vous , moins vous devez vous écouter vous-même. Quand je suis entrée
dans la maison , si j'eusse voulu me
croire , j'aurois toujours été malade. Un
office sonnoit , j'avois la migraine ; le
temps de l'oraison approchoit, je me
trouvois bien foible. Mais je me faisois un
peu de violence ; j'allois à l'Office et à l'o-
raison. Je n'y étois pas plutôt que mon
mal devenoit supportable , si bien que,
quelquefois, je l'oublioit. L'Eté, comme
nous nous levons plus matin, je me sentois de grands maux de cœur, qui m'invi-
toient fortement à me rendre au sommeil;
je me donnois bien de garde d'en rien
faire, et, dès que j'avois pris l'air, j'étois

guérie. Je vous dis ceci, afin que vous
vous teniez en garde contre votre corps,
qui aime ses aises; contre le Diable, qui
veut nous détourner de nos exercices; et
aussi, contre la charité de nos sœurs,
qui, en se portant sur les besoins de
notre corps, peut devenir funeste à notre
ame. Une Religieuse ne doit pas trop
facilement se croire malade; et, lorsqu'elle
n'est qu'incommodée, elle doit se réjouir en silence, d'avoir quelque chose
de plus que ses sœurs à offrir à son divin
Epoux. »

Etant Supérieure, Mad. Louise veilloit avec le plus grand soin à ce que toutes ses filles s'occupassent assidument;
suivant leurs talens et leurs forces; et,
lorsque, sans négliger les travaux nécessaires pour la maison, elles pouvoient
économiser encore quelques momens,
elle les engageoit à entreprendre différens
ouvrages, qu'elle faisoit vendre au profit
des maisons de l'ordre les plus indigentes.
Quoiqu'elle connût tous les travaux déli-
cats de l'aiguille, le travail qui paroissoit
lui plaire le plus, c'étoit celui qui lui rap-

peloit le mieux qu'elle avoit fait vœu de pauvreté. Ainsi la voyoit-on travailler de préférence sur le vieux ; raccommoder le vieux linge de cuisine, les vieilles chausses et toutes les vieilles hardes de ses compagnes. Ayant appris qu'une jeune Religieuse avoit marqué quelque répugnance pour le travail de ce genre, dont on l'avoit chargée, la Princesse, alors Prieure, l'appela en particulier, et lui dit : « Apportez-moi bien secrettement » votre tâche : je la remplirai et vous la » rendrai, sans que la Communauté en » sache rien. » Enfin, portant jusqu'au dernier soupir l'amour du travail, de la pauvreté et des Pauvres, l'avant-veille de sa mort, elle travailla encore pendant plusieurs heures à façonner du linge, destiné à une pauvre femme de St.-Denis.

Les vœux religieux, quand ils ont pour interprète une vraie fille de Ste.-Thérese, embrassent tous les genres de mortifications et de privations, d'austérités et de sacrifices, qui peuvent rappeler à une ame chrétienne qu'elle a pour modele un Dieu expirant sur la Croix. Mad. Louise

qui , avant son entrée dans le monastere ,
connoissoit assez la nature des engagemens qu'elle vouloit contracter , ne parut éprouver d'autre mécompte , dans
le détail de la pratique , que celui d'une
plus grande facilité qu'elle n'auroit ima-
ginée. Son zele vit toujours couler le
lait et le miel dans la même terre qui
n'offre à la lâcheté ombrageuse que des
Monstres dévorans. C'est un fait connu de toute la France , que la santé
de la Princesse , toujours foible et chan-
celante parmi les délices de la Cour ,
se fortifia et s'affermit par le genre de
vie du Carmel ; c'est-à-dire , huit
mois de jeûne dans l'année ; une abstinence perpétuelle qui , souvent , s'étend
jusqu'aux œufs , beurre et laitage ; sept
heures de Chœur chaque jour ; et , le
reste du temps , travail , obéissance ,
mortifications , privations , silence et
priere.

Ennemie de toute espece de distinc-
tions , Madame Louise l'étoit sur-tout
de celles qui auroient tendu à la soustraire à quelques-unes des austérités

en usage dans le Monastere. Il n'y avoit
pas long-temps qu'elle l'habitoit, lorsque M. l'Abbé Bertin, effrayé du nombre d'Infirmes qu'il y voyoit, en attribua la cause à un surcroît d'austérités
particulieres à cette maison ; et , de
l'avis de l'Archevêque de Paris , M. de
Beaumont, il se proposa de les interdire.
Lorsqu'il s'ouvrit sur son projet à Mad.
Louise : « Je vous entends , lui dit la
Princesse , et je vous vois venir : il
convient, par ménagement pour *Mad.*
Louise , que le relâchement s'introduise
dans cette maison. Mais vous savez
bien que j'en connoissois les usages
comme la regle, avant d'y entrer , et
que je ne l'ai préférée qu'à cause de sa
plus édifiante régularité. S'il falloit que
ma présence y affoiblit la ferveur, et si
vous suivez votre projet , je vous dé-
clare que , ne pouvant plus me souffrir
parmi celles auxquelles j'aurois porté
un si grand préjudice, dès le lendemain ,
je solliciterai la permission de passer dans
un autre de nos Monasteres. » Une résolution si ferme engagea le Supérieur à
temporiser ;

temporiser ; et bientôt il vit cesser toutes les infirmités qui affligeoient la maison. On les attribua à l'usage d'une boisson particuliere, que l'extrême pauvreté avoit fait substituer au vin, mais qui avoit été supprimée quelques jours avant l'arrivée de Madame Louise à St.-Denis.

Ce ne fut jamais qu'en donnant le change à la Princesse, ou en la contristant que, dans les commencemens de son séjour dans le Monastere, on réussit à lui faire supporter quelques adoucissemens dans la nourriture commune ; mais elle parvint bientôt, à force de représentations, de fermeté, et même de larmes, à repous-ser des égards qui la fatiguoient beaucoup plus que l'austérité même qu'on eût voulu lui épargner. Si elle apercevoit, si elle soupçonnoit même quelque différence entre la portion qu'on lui présentoit au Réfectoire et celle des autres, elle avoit l'adresse de la faire écheoir à la Religieuse qui étoit à côté d'elle. Lorsque le Roi ou les Princesses ses Sœurs lui envoyoient quelques comestibles, elle les faisoit pas-ser aussitôt à la cuisine, en disant que

de bois , pour faire voir qu'il n'y étoit
rien resté. On sourit ; on se persuada
que les haricots pouvoient se manger, et
l'on consomma toute la provision.

La Princesse surmontoit si généreusement l'aversion naturelle qu'elle avoit
pour certains comestibles , qu'il eût été
difficile de la soupçonner. Ses Compagnes
ayant appris , d'une Personne autrefois
attachée à son service, qu'étant à la Cour
elle avoit une extrême répugnance pour
les œufs apprêtés d'une certaine façon ,
lui faisoient une sorte de reproche de
n'en avoir jamais rien dit , et lui repré-
sentoient qu'elle pouvoit bien se dispenser d'en manger à l'avenir : « Je m'en
» garderai bien, répondit-elle : voilà sept
» ans que je combats contre cette bizar-
» rerie de mon goût , et j'espere en avoir
» raison : si je recule d'un pas , je suis
» vaincue. »

Tout étoit toujours, ou paroissoit être
de son goût dans la nourriture , si bien
que , lorsqu'on vouloit parler d'un mets
détestable , en disoit : « La Mere *Thé-*
rese-de-St.-Augustin elle - même n'en

mangeroit pas. » Comme le maigre est
habituel chez les Carmélites, les Pour-
voyeuses laissoient rarement échapper
l'occasion de procurer du poisson à la
Communauté, lorsqu'elles le trouvoient
à juste prix. Il étoit quelquefois tellement
altéré, que la seule odeur répandue dans
le Réfectoire, en rassasioit toutes les Religieuses, qui ne touchoient pas même à
leur portion. Madame Louise ne laissoit
rien de la sienne; et, sans accuser autrement la juste répugnance des autres, elle
disoit qu'elle avoit bien des graces à rendre
à Dieu, qui la favorisoit d'un appétit que
rien ne déconcertoit. On pouvoit ajouter,
et d'un zele pour la mortification, que
rien n'égaloit. Nous en citerons quelques
traits, qu'une sagesse mondaine pourroit regarder comme minutieux, mais
qui n'en portent pas moins un caractere
d'héroïsme aux yeux de la Religion qui
les consacre.

Les Carmélites, qui ont la permission
de manger après la Communauté, sont
servies, à la seconde table, des restes
de la premiere ; et Mad. Louise, lors-

qu'elle se trouvoit dans ce cas, subissoit
exactement la Regle. Un jour que la Sœur
cuisiniere, n'ayant rien à lui offrir, se
mettoit en devoir de lui préparer à dîner,
elle s'empara de l'assiette de cette Sœur,
sur laquelle étoient plusieurs petits restes
d'omelette levés de la table commune,
et lui dit : « Faites votre dîner, ma Sœur,
» j'ai le mien. » Une autre fois, qu'elle
étoit au Réfectoire pour y manger après
la Communauté, une Religieuse lui montra des restes qu'on venoit de lui servir,
en lui demandant, s'ils n'étoient pas d'une
malpropreté rebutante ? Madame Louise,
alors Prieure, prend l'assiette de la Sœur
qui se plaint, la considere, lui donne
raison, veut qu'on la serve mieux ; mais,
gardant pour elle-même la portion rebu-
tée, elle la mange gaîment et n'en veut
point d'autre. Une Sœur cuisiniere avoit
tiré de l'office, pour le jeter, un artichaut
tellement gâté que les vers y fourmil-
loient ; mais une autre Sœur, sans le
savoir, le confondit avec d'autres et le
fit passer au Réfectoire. La Cuisiniere
s'attendoit qu'il alloit lui être renvoyé

avec des reproches ; mais , ne le voyant
pas revenir , elle en conclut qu'il falloit
qu'il fût échu à la Prieure ; et elle ne se
trompoit pas. Madame Louise , en recevant son légume , vit qu'il étoit pourri,
ne le laissa voir à personne et le mangea.
Désolée de ce petit accident, la Sœur
cuisiniere alla en faire ses excuses à la
Princesse , qui lui dit : " Il n'y a point
» de mal , puisque cela m'est tombé ;
» mais prenez garde de jamais rien servir
» de pareil, parce que toutes nos Sœurs
» n'ont pas aussi bon appétit que moi. »
Madame Louise avoit un jour laissé tomber un œuf déjà ouvert dans un grand
vase , destiné chez les Carmélites à recevoir les rinçures des gobelets , et tout ce
que l'on jette des tables ; mais, faisant
attention que c'est une faute contre la
pauvreté religieuse que de laisser perdre
un œuf , elle pêche le sien au fond du
vase et le mange.

Dès que quelques années de séjour dans
le Cloître lui eurent parfaitement rétabli
la foible santé qu'elle avoit apportée en
y entrant, le jeûne habituel lui coûta

G 4

infiniment ; et la faim étoit pour elle une
sorte de tourment, qu'elle éprouvoit
presque tous les jours, au point que souvent, plusieurs heures avant le repas, on
lui voyoit le visage pâle et défait. Bien
loin cependant de se permettre jamais
aucun adoucissement à cette austérité
lorsqu'elle étoit Prieure, elle la prolon-
geoit, avec une sorte de satisfaction,
toutes les fois que la complaisance ou la
charité demandoit que, pendant le dîner
de la Communauté, elle écoutât quelqu'une de ses Filles, ou des Personnes
du dehors.

Dans un temps où, à cause d'une indisposition, elle ne pouvoit, sans s'incom-
moder, manger des fruits qui faisoient la
collation habituelle de la Communauté,
elle accepta une espece de soupe, com-
posée seulement d'un peu de pain bouilli
dans l'eau, sans huile ni beurre ; et ce
mets insipide, elle l'appeloit un adoucissement, et se le reprochoit comme une
délicatesse. Elle écrivoit alors au Supérieur de la Maison : " On vous mandera
» peut-être que je suis malade : cela ne

» sera pas vrai... que vous devez me dé-
» fendre de jeûner ; mais je suis très en
» état de le faire : je prends seulement le
» matin une ou deux tasses de véronique. »
Il en étoit de la Princesse , fidelle à toutes
les austérités de la Vie religieuse , comme
des jeunes Hébreux à la Cour de Baby-
lone ; moins elle se ménageoit , mieux
elle se portoit. « Je me porte si bien ,
» écrivoit-elle à Pâques , qu'à ma honte
» le Carême m'a engraissée, quoique j'aie
» eu bien froid et bien faim , sur-tout
» pendant ma retraite : mais la grace
» adoucit tout. »

Le vêtement seul des Carmélites est
une austérité. Ce n'est guere que par le
courage et la patience que ces Religieuses
se précautionnent contre l'influence des
Saisons. L'Hiver , elles n'ont que des
chausses de toile et voient à peine le feu ;
l'Eté , elles portent toujours la serge et
de gros habits de laine. Cette double austérité devoit sur-tout éprouver cruelle-
ment une Princesse. Aussi , Madame
Louise , pendant les premiers Hivers
qu'elle habita St.-Denis , eût-elle les

G 5

mains gelées et crevassées ; ce qui étoit quelquefois pour elle matiere de plaisanterie , jamais de plainte. « Je gele , écri- » voit-elle à une Carmélite , je crois , » quelquefois, que mes doigts tomberont ; » je me chauffe , non sans douleur. Ce- » pendant j'ai été favorisée cette année , » car j'ai eu très-peu de crevassés aux » mains. » La violence du froid fit un jour sur elle une impression de douleur si cuisante , qu'elle lui arracha des larmes, dont elle s'accusoit comme d'une foiblesse puérile. Je lis dans une de ses lettres : « Croiriez - vous bien que j'en » pleurois, comme font les enfans ? il » faut pourtant bien avoir quelque chose » à offrir au Seigneur. » Ces sortes d'offrandes lui étoient très-familieres. Elle souffroit plus habituellement encore de la chaleur en Eté, que du froid pendant l'Hiver, et toujours avec le même courage. « J'ai cru étouffer de chaud ces » jours-ci, racontoit-elle à une Amie : » ma ressource étoit de songer que mes » sueurs éteindroient l'Enfer et rafraîchi- » roient le Purgatoire , que je mérite à

» chaque moment , par ma lâcheté à sup-
» porter cette incommodité. »

: Un des inconvéniens de la Vie commune qui pesoient le plus à Mad. Louise,
c'étoit d'être obligée de rester long-temps
dans des endroits renfermés. Elle eût aimé
qu'on en laissât habituellement les portes
et les fenêtres ouvertes; et souvent la complaisance auroit voulu la servir à cet égard;
mais elle s'y opposoit. « Je sais , disoit-
» elle , que le grand air qui me feroit plai-
» sir , ne le feroit pas à quelques-unes de
» nos Sœurs, vieilles ou infirmes ; et il
» est de principe que , lorsque nous avons
» à choisir entre qui se gênera, la gêne
» doit être pour ceux qui se portent bien. »
L'infirmerie étoit des divers endroits de
la maison, celui où la Princesse souffroit
le plus de l'air renfermé. Elle fut quelquefois sur le point de s'y trouver mal ;
mais, à force de courage et de vertu , elle
triompha de sa répugnance, au point que ,
lorsqu'elle étoit Prieure , on lui vit faire
jusqu'à dix visites dans un jour à des
Malades en danger. Une Religieuse qui
l'accompagnoit , trouvoit que l'air de l'in-

firmerie étoit insupportable : « Plaignons » celle qui souffre le mal, lui dit Mad. » Louise, et non pas nous qui en sommes » quittes pour l'odeur. » Une malade avoit peine à consentir à ce qu'on lui ouvrit un cautere, jugé nécessaire pour la conservation de sa vie : « Je me charge » de le panser, lui dit sa Prieure ; et » nulle autre que moi, dans la maison, » ne connoîtra votre infirmité. » Pendant des mois entiers, on la vit, plusieurs fois le jour, aux pieds d'une malade, nettoyer elle-même, et quelquefois baiser ensuite des plaies dont la vue faisoit horreur. Dans ce contraste si admirable, des humbles fonctions qu'elle remplissoit avec l'éducation qu'elle avoit reçue, elle portoit cet air d'aisance et de simplicité, qui augmente le prix des sacrifices devant Dieu, de tout ce dont il semble le diminuer aux yeux des Hommes.

Quoique la mortification s'attache, pour ainsi dire, à tous les pas que fait une Carmélite, toutes les Compagnes de la vertueuse Princesse attestent qu'elle étoit attentive encore aux moindres occasions

d'en multiplier les actes. Réprimer la curiosité d'apprendre, étouffer le désir de
raconter, commander aux saillies de l'esprit, sacrifier les goûts les plus innocens
au plaisir plus doux pour elle de ne point
s'éloigner de la Croix du Sauveur, c'étoient
là les exercices ordinaires et comme l'habitude de sa vertu. Quelquefois, tout
naturellement et sans y songer, elle laissoit échapper le secret de son cœur insa-
tiable de souffrances : « Que faisons-nous
» au Monde, que faisons-nous ici, mon
» cher Cœur, disoit-elle à une de ses
» Eleves, si nous n'y retraçons en nous
» la mortification de notre divin Maître? »
Une autre fois, en considérant plusieurs
petits Oratoires, monumens de sa piété,
qui se voient dans la maison de St.-Denis,
elle disoit à une de ses Sœurs : « Voilà
» bien des Autels : l'impression que doit
» faire sur nous leur présence, c'est de
» nous rappeler que nous devons prier
» sans cesse, et sans cesse nous immoler
» au Seigneur. »

Les événemens les plus affligeans pour
la nature, les privations sensibles, les

maladies, la mort de ses Amis et de ses
Proches la trouvoient toujours soumise
et religieuse dans sa douleur. Jamais on
ne la vit hésiter à la vue d'un sacrifice ;
et les plus douloureux pour son cœur
étoient ceux qui obtenoient de sa fidélité
une plus prompte et plus courageuse résignation. Pendant la maladie désespérée
de la Mere Julie, cette Religieuse, au
zele de laquelle elle étoit persuadée qu'elle
devoit, après Dieu, l'esprit de son état,
elle écrivoit à M. l'Abbé Bertin : « Notre
» partage est le *fiat voluntas*, dans toute
» son étendue. Il faut vivre et mourir sur
» la Croix. Cette Mere étoit mon sou-
» tien, avec elle j'espérois toujours ap-
» prendre. Quand elle ne sera plus, je
» ferai tout ce que je pourrai ; et il faudra
» que le Bon-Dieu me fasse grace du reste.
» Il me faut faire pénitence de mes pé-
» chés. Ma pénitence à St.-Denis eût été
» trop douce avec elle. » Et, après la
mort de la Religieuse : « Je vous avoue
» que je tâche de m'en désoccuper, pour
» ne penser qu'à Dieu, aux grandes vé-
» rités du Salut et à ma sanctification.

» C'est la premiere retraite que je fais
» sans notre pauvre Mere. Je m'efforce
» d'achever le sacrifice commencé le 27
» Septembre, en me tournant du côté de
» Dieu, toutes les fois qu'elle me vient à
» l'esprit; et cela ne va pas mal. *Fiat vo-*
» *luntas*. Dieu en sera d'autant plus mon
» tout. »

A la mort du Roi son Pere, sa résignation parut aussi parfaite que sa douleur
étoit profonde. Elle avoit prié dans l'espérance, elle continua de prier dans la
foi. Le jour même qu'elle reçut cette ac-
cablante nouvelle, elle ne s'absenta d'aucun exercice, elle ne se dispensa d'aucune
observance. Etant alors Prieure, elle indiqua la récitation de l'Office des Morts.
On se rend au Chœur; elle y est à la tête
de sa Communauté, et c'est elle qui of-
ficie. Bientôt toutes les Religieuses, at-
tendries, et par la situation de leur Mere
et par le souvenir des bontés du feu Roi
pour leur Monastere, fondent en larmes,
et la psalmodie est interrompue. Mad.
Louise alors, forte de tout le courage
que donne une grande foi, impose silence

à la nature ; elle seule fait parler à Dieu pour son Pere, plus efficacement que par des larmes ; elle seule continue le chant des Pseaumes. Il faut entendre la pieuse Princesse, déposant dans le sein de l'amitié les sentimens qu'elle éprouvoit dans ces conjonctures affligeantes : « Je t'écris encore aujourd'hui, mon cœur, pour te donner de mes nouvelles, quoique j'aie fort peu de temps. J'ai bien soutenu la nuit derniere où l'on a porté le Roi à l'Abbaye ; on m'avoit placée dans l'endroit le plus profond de la maison : cependant j'ai tout entendu. J'ai dormi, j'ai pleuré, j'ai prié ; je me porte bien ; c'est tout ce que j'ai le temps de te dire. Je ne t'écrirai plus si souvent : il faut que je me rende aux affaires de la maison. Je soutiendrai cette affliction aussi bien que les autres. Puisque Dieu l'a permise, il sera ma force. »

Peu de temps après, en apprenant la maladie et le danger des Princesses ses Sœurs, elle écrivoit à la même Personne : « J'ai eu une cruelle après-midi ; mais le Bon-Dieu m'a donné des forces et du

courage. Sois tranquille pour mon corps
et pour mon cœur. Ce dernier souffre
beaucoup, mais il est soumis. Je crois
qu'il n'y a pas de situation pareille à la
mienne : perdre son Pere, et voir ses
trois Sœurs frappées de la même maladie !
Mais, quand on a des afflictions, il faut
remonter jusqu'à la main qui les envoie,
et l'adorer en silence. C'est le devoir du
Chrétien, mais encore plus celui d'une
Religieuse, qui a promis de suivre, non-
seulement les préceptes, mais encore les
conseils évangéliques, *et ce jusqu'à la
mort.* Prie Dieu, mon cœur, pour que
je ne m'écarte jamais de ces sentimens.
Je suis un peu maigrie ; mais sois tranquille, et prions de toutes nos forces.

» Une autre fois, à la nouvelle du danger qui menaçoit les jours d'une sœur tendrement aimée, elle écrivoit : « J'avoue
que l'état de Sophie m'a un peu troublée ;
mais sans ébranler, cependant, la ferme
résolution où je suis intérieurement d'acquiescer toujours à la volonté de Dieu. »

A cet esprit de résignation, et aux sacrifices sans nombre qui en étoient le

fruit , Madame Louise joignoit encore
d'autres sacrifices particuliers , non moins
effrayans pour la nature. Outre les jeûnes
du Carmel , dont la rigoureuse observance lui pesoit infiniment ; elle jeûnoit
souvent des jours entiers au pain et à
l'eau ; ayant l'attention, pour qu'on ne
s'en aperçut pas dans la Communauté , de
se donner des occupations aux heures du
repas ; ce qui lui étoit sur-tout facile,
lorsqu'elle étoit Prieure. L'habit austere
qu'elle portoit, cachoit bien d'autres austérités encore : les haires et les cilices , et
tous les instrumens de la Vie crucifiée ,
qu'elle appeloit, dans sa gaîté ordinaire,
la toilette des Carmélites. Quelque soin
que prît l'humble et fervente Princesse ,
pour laisser ignorer les austérités qu'elle
pratiquoit au-dessus de la regle commune,
une de ses Compagnes , qui avoit eu plusieurs fois sous les yeux des preuves san-
glantes de ses macérations , lui en parla ;
et elle auroit voulu l'engager à modérer
ces pieux excès. « Hé ! ne voyez-vous
» donc pas , lui dit Madame Louise , en
» riant , que le Bon Dieu , en me favo-

» risant ici d'une santé que je n'avois pas
» à la Cour, m'avertit de l'usage que j'en
» dois faire, en tâchant d'expier un peu,
» à la Carmélite, la folie d'avoir autrefois
» porté les livrées et les bracelets du
» Diable ? » Dans la suite, ayant soup-
çonné, non sans raison, que cette Religieuse lui avoit attiré quelques avis qui
lui furent donnés, de modérer ses austérités secrettes, elle fut très-attentive à
lui en dérober la connoissance.

C'étoit ordinairement pendant l'espace
de neuf jours que la sainte Princesse faisoit à Dieu l'offrande de ces macérations
extraordinaires, tantôt dans l'intention
d'obtenir du Ciel quelque grace spéciale,
tantôt en réparation des attentats de l'impiété et du débordement des mœurs. Elle
se considéroit, dans son état, comme
une victime publique, qui ne devoit plus
quitter la Croix de Jesus-Christ. Au
temps de la maladie dont mourut Louis
XV, les veilles, les jeûnes rigoureux et
une infinité d'austérités, dont Dieu seul
fut témoin, lui avoient tellement altéré
les traits du visage, qu'un des Visiteurs

généraux de l'Ordre , à la priere de la
Communauté, lui faisoit envisager comme
un devoir, de mettre des bornes à son
zele. L'humble Princesse , tombant aux
pieds de son Supérieur , lui dit : « J'obéi-
» rai , mon Pere , à tout ce que vous me
» prescrirez : mais songez , je vous prie ,
» que le Roi se meurt : songez que je
» suis venue ici pour son salut comme
» pour le mien , et dites-moi : puis-je
» en trop faire pour une ame qui m'est si
» chere ? » Le Supérieur , dans l'admiration , se tut , craignant de contrarier
l'opération de l'Esprit de Dieu dans cette
ame privilégiée.

Et c'est cependant le ministere officieux de ces Anges de paix que le philosophisme ne cesse de calomnier. Mais ,
qu'ils blasphement , tant qu'ils voudront ,
contre les asiles respectables de l'inno-
cence chrétienne, ces prétendus amis de
l'humanité , qui mettent les excès de la
licence au rang des droits de l'homme , et
ses penchans les plus dépravés au nombre
de ses vertus : qu'au Tribunal insensé
d'un monde séduit , ils s'efforcent , ces

sages nouveaux, de dévouer à tout l'op-
probre de l'oisiveté la sainte activité des
Martyres de la pénitence : qu'ils parvien-
nent même, à force de crimes, à frapper
de stérilité la terre des Saints ; il n'en est
pas moins vrai que, tant qu'il restera
dans l'Empire François un seul Organe
de la vérite, on y préconisera l'héroïsme
pur de ces courageuses Emules d'un Dieu
crucifié, qui n'hésitent pas de se faire
anathême pour un monde persécuteur ;
et, à l'exemple de leur divin Epoux, de
s'immoler par la charité pour des crimes
qui ne sont pas les-leurs.

A juger des dispositions intérieures de
Mad. Louise, par ce zele actif et cette
ferveur soutenue qui animoient toute sa
conduite, on auroit imaginé que, portée
sur les ailes de la grace, cette pieuse
Princesse sentoit à peine le joug du Seigneur, et ne trouvoit que des roses sans
épines dans les sentiers de la perfection :
on se seroit trompé. Celle qui avoit autrefois goûté, au milieu du monde, toutes
les douceurs de la vertu, n'en connoissoit
presque plus que les épreuves dans le

sanctuaire même de la piété. Dieu sembloit s'éloigner de cette ame céleste, à
mesure qu'elle-même faisoit de plus généreux efforts pour s'approcher de lui; et
l'on peut dire que, pendant les années
de sa solitude, elle habita plus souvent le
Calvaire que le Thabor. Toujours fidelle
néanmoins, toujours supérieure aux foiblesses du découragement ; si elle étoit
privée de la paix des consolations, elle
possédoit celle de la résignation et du sacrifice. Dans les momens où le trouble
vouloit agiter son ame, sa foi devenoit
son guide ; et, jamais elle ne s'abandon-
noit plus parfaitement à Dieu, que quand
Dieu sembloit l'abandonner. Elle ne connoissoit la tristesse que pour la combattre. L'orage étoit dans son ame, que
la sérénité brilloit encore sur son visage.
La pensée du premier sacrifice qu'elle
avoit fait au Seigneur, et que sa volonté
n'avoit jamais rétracté, la remplissoit
alors d'une merveilleuse confiance. « Ce
» qui doit nous soutenir, lorsque nous
» sommes dans les ténèbres, disoit-elle
» un jour à ses ferventes Religieuses,

» c'est de songer que, du moins, nous
» habitons la Terre-Sainte ; et que,
» quoique Dieu se dérobe à nos regards,
» il ne sauroit jamais être bien loin de
» nous. » Ainsi son amour pour Dieu
lui répondoit de l'amour de Dieu pour
elle ; et elle trouvoit, dans sa foi, une
véritable consolation à se voir privée de
toute consolation sensible.

. Contente d'avoir pour témoin de ses
peines intérieures Celui pour l'amour duquel elle les souffroit, si quelquefois il
lui arrivoit d'en parler dans l'épanche-
ment de son cœur, ce n'étoit que dans
des occasions rares, et lorsqu'elle le
croyoit utile pour s'édifier, ou pour ins-
truire. Une Religieuse lui ayant fait l'aveu
de ses répugnances, pour certaines pratiques du Carmel, elle l'encourageoit par
cette réponse... « A qui dites-vous qu'il
» en coûte ? il n'y a personne à qui tout
» coûte plus qu'à moi. Oui, tout me
» coûte *horriblement*. Mais, bon cou-
» rage, mon cher cœur, le Dieu du
» Paradis mérite bien nos sacrifices : don-
» nez-moi part à tous ceux que vous

» ferez. » Elle remercioit Dieu, comme
d'une insigne faveur, des moindres consolations qu'elle éprouvoit à son service.
Je lis dans une de ses lettres ? « Il me
» semble que je n'ai pas payé trop cher,
» par douze ans complets de peines, le
» commencement de tranquillité que je
» ressens. »

Sachant, comme St. Paul, trouver sa
joie dans les épreuves, elle répondoit à
une amie, qui la félicitoit sur les douceurs
qu'elle devoit goûter dans la vertu : « J'ai
» plus besoin que tu ne penses de me re-
» nouveler en ferveur. Depuis que le Bon-
» Dieu est sûr de me tenir à son service,
» il ne me mene plus par les consola-
» tions... Mais, sa volonté soit faite : on
» dit que cet état est plus sûr que les con-
» solations; aussi, au milieu de tout cela,
» j'ai l'ame contente.—Comment se con-
» soler, écrivoit-elle encore à une per-
» sonne de confiance, si Dieu n'étoit
» au-dessus de tout ? mais j'espere que
» cette croix amenera mon salut : je n'en
» veux rien perdre... Dieu m'aime sur la
» croix... Mes peines ne me font point
                                    désirer.

» désirer la mort. Je crains toujours
» excessivement cette heure : mais, à cela
» comme au reste, il faut toujours dire
» son refrein : *fiat voluntas*. J'aurois grand
» besoin que le Bon-Dieu me dédomma-
» geât de tout cela à la priere, mais il ne
» le veut pas : encore *fiat*. Cependant ,
» j'ai moins d'agitations depuis un an ;
» c'est toujours beaucoup , et je dois re-
» garder cela comme une grande grace ;
» car ces agitations, en priant, sont ter-
» ribles à porter. »

Il est aisé de recueillir de la vie de
Mad. Louise , qu'entre les vertus par
lesquelles elle ne cessa d'édifier sa Communauté et le monde chrétien , sa piété
tenoit le premier rang et vivifioit toutes
les autres. Sa piété lui avoit commandé
le sacrifice de sa séparation du monde, sa
piété lui donna le courage de tous ceux
qui devoient le suivre et le perfectionner.
Son ame pure et détachée d'elle - même
autant que de la terre , ne goûtoit de
plaisir qu'en son Dieu. Sûre de le trouver au fond de son cœur , c'est-là qu'elle
le cherchoit, qu'elle conversoit avec lui.

Tome II. H

qu'elle se tenoit en sa présence. Toute sa
conduite étoit réglée par le désir de lui
plaire , et ce désir étoit immense comme
son objet. Les bornes qu'elle savoit pres-
crire à la ferveur de ses filles, elle ne les
connoissoit pas pour la sienne. « Faisons
» pour Dieu ce que notre regle nous
» commande , leur disoit-elle , et cela suf-
» fit. » Elle le disoit aux autres , et ne se
le disoit pas à elle-même. Craignant toujours de n'en pas faire assez pour le Dieu
pour qui elle faisoit tout: « Le monde ,
écrivoit-elle , nous canonise à bon marché , dès qu'on cesse d'être ce qu'il est ,
il croit qu'on est tout ce qu'on doit être ;
mais Dieu ne juge pas comme les hommes.
Un grand sacrifice , qui nous arrache au
monde , peut bien prouver la crainte de
nous damner avec le monde ; mais ce sont
les petits sacrifices journaliers qui prouvent le désir pur de plaire à notre divin
Epoux ; et cependant nous hésitons , nous
reculons lorsqu'il s'agit de les lui offrir. »

Jamais Mad. Louise ne s'entretenoit
plus volontiers , que de Dieu et du bonheur d'être à lui. Elle le faisoit en toute

occasion ; dans la conversation et par écrit ; avec les gens du monde comme avec ses compagnes. C'étoit ordinairement en peu de mots qu'elle le faisoit, mais d'un ton vif et naturel, qui pénétroit. Toutes les lettres de la Princesse, celles même qu'elle écrivoit pour le temporel de sa maison, lorsqu'elle en avoit la direction, portent l'empreinte de sa piété. Entre divers avis qu'elle traçoit de sa main à une jeune personne qu'elle étoit chargée de former à la vie religieuse, je lis ceux-ci: « Faisons tout pour Dieu, et de notre mieux ; mais avec une grande confiance, avec un amour vif. Qui mérita jamais mieux d'être aimé ? Y a-t-il pere, mere,, frere, sœur qui le valent? Nous sommes heureuses dans ce monde en l'aimant; car quelle douceur ne fait-il pas ressentir quand on lui offre un sacrifice de bon cœur? et il nous réserve encore le centuple pour l'autre vie. » La Princesse n'entendoit jamais parler des progrès que faisoit l'impiété, qu'elle n'en marquât sa douleur profonde; et l'on étoit sûr aussi de lui procurer un instant de joie pure,

par le récit de quelque événement avanta-
geux à la Religion, et propre à édifier.
Capable qu'elle étoit elle-même de l'héroïsme des vertus, elle y croyoit facilement : une piété miraculeuse et la vue
même d'un Miracle, en parlant à son
cœur, ne l'auroit pas étonnée. Sachant
distinguer cette heureuse simplicité qui
dispose à la foi, de l'idiote crédulité qui
égare, elle n'aimoit pas qu'en matiere
édifiante on combattît, sans raison, ce que
l'on peut croire sans danger. « Il y a des
gens, disoit-elle, qui semblent se plaire à
raccourcir le bras de Dieu; et Dieu, en
punition de ce penchant à l'incrédulité,
leur dérobe les prodiges de grace et de
puissance qu'il découvre encore de temps-
en-temps aux yeux simples de la foi. » Ne
pourrions-nous pas dire qu'elle étoit elle-.
même un de ces prodiges, ignoré du
monde profane, et trop peu aprofondi
du monde appelé chrétien ?

Attentive à profiter des moindres graces, Mad. Louise cherchoit par-tout des
sujets d'édification et des soutiens à sa
vertu. Au courage qui se porte à de

grandes choses pour Dieu, elle joignoit
celui de la fidélité aux pieuses pratiques
qui peuvent lui être agréables. Nous ne
finirions pas, si nous voulions rappeler
toutes celles par lesquelles elle s'efforçoit
de nourrir sa piété. Sa vie entiere n'est
que l'histoire de son tendre empressement
à plaire à son divin Epoux. Elle l'étu-
dioit en tout, elle le méditoit, elle le
prioit sans cesse, elle ne respiroit que pour
lui. Parmi les prodiges d'amour, opérés
par le Sauveur du monde en faveur des
hommes, ceux qui paroissoient la toucher
plus sensiblement étoit le bienfait de sa
naissance, l'institution du Sacrément ado-
ble de son Corps, et les anéantissemens
de sa Passion. Souvent, au seul souvenir
de ces merveilles étonnantes, son ame
attendrie ne pouvoit exprimer que par des
larmes l'amour reconnoissant dont elle
étoit pénétrée. Elle trouvoit une source
de consolations intarissables à méditer
au pied de la Croix. Entre plusieurs oratoires érigés dans le Monastere, et déco-
rés par ses soins, on distingue sur tout
celui où sont retracés les divers mysteres

de la Passion, et que l'on appela, après
sa mort, l'*Hermitage de Mad. Louise.*
C'est-là que, dans *ses* instants de loisir,
la pieuse Princesse aimoit à se retirer
pour prier seule.

Pleine de confiance dans le crédit des
Saints, elle s'empressoit de les honorer
comme les amis de Dieu : elle ne négligeoit aucun moyen de s'assurer leur protection, ni aucune occasion de s'enrichir
selon la dispensation de l'Eglise, de la sur-
abondance de leurs mérites. Elle avoit
hérité de la Reine sa mere, et elle montra
toute sa vie la plus tendre dévotion envers la Sainte Vierge. Etant encore à la
Cour, elle étoit de plusieurs associations
religieuses en l'honneur de Marie. Depuis qu'elle habitoit le Couvent de St.-
Denis, elle avoit pour pratique de se ménager tous les jours quelques instans avant
l'oraison du matin, pour aller prier dans
un Oratoire qui lui étoit consacré, et se
mettre sous sa protection. Tous les jours
elle récitoit l'Office du chapelet, et lui
offroit encore un autre tribut particulier
de prieres. Outre les Saints, dont les

- corps reposoient, par ses soins, dans l'Eglise de son Monastere, elle honoroit d'un culte spécial St. Joseph, les Anges gardiens, Ste. Thérèse, St. Louis, Roi de France, St. Louis de Gonzague et St. Jean de Népomucene, sous l'invocation duquel elle fit ériger un Autel, après la naissance du Dauphin, suivant un vœu qu'elle en avoit fait.

La piété de Mad. Louise se manifestoit encore par son zele pour la maison du Seigneur, comparable en son activité à celui qui dévoroit le S. Roi d'Israël. Dès les premiers jours de son entrée chez les Carmélites, on n'avoit pas cru pouvoir mieux servir son goût qu'en lui confiant un Office à la Sacristie. Maîtresse des Novices, elle inspiroit son zele à ses Eleves. Devenue Prieure, elle mettoit au rang de ses grandes obligations de surveiller la décence du Culte et l'ordre des Cérémonies religieuses. Travailler à la décoration des Autels, entretenir la propreté du Sanctuaire, soigner les Ornemens sacerdotaux, ballayer, frotter les Oratoires, c'étoient-là des fonctions dont elle se trou-

H 4

voit infiniment honorée. Elle vouloit que
tout fut digne de Dieu dans la maison de
Dieu. Elle habitoit encore le Palais de
Versailles, lorsqu'une de ces Personnes
qui se piquent d'épurer la Religion par
la raison, sembloit blâmer, en sa présence,
la magnificence de nos Temples, en ci-
tant le passage de l'Ecriture : *Dieu est
Esprit et veut être adoré en Esprit.*
« Oui, sans doute, répondit Mad. Louise,
» Dieu est Esprit ; mais il étoit encore
» Esprit , lorsqu'il commandoit à Salo-
» mon de lui élever ce Temple fameux ,
» qu'aucun autre depuis n'égala en magni-
» ficence. Dieu est Esprit , et il n'est
» qu'Esprit ; mais il sait que nous, nous
» sommes Corps et Esprit. » On ne sauroit faire un pas dans le Monastere des
Carmélites de St.-Denis, sans y rencon-
trer quelques signes touchans de la piété
de la Princesse qui l'habita. Ici s'offre un
Autel, plus loin un Oratoire solitaire ; ou
bien ce sont des tableaux allégoriques, et
des Sentences qui appelent la dévotion.
Elle vouloit que les murs même de la
maison parlassent à tous les yeux le langage qui plaisoit à son cœur.

Son attachement pour l'Eglise, aussi
sincere que sa foi étoit pure et sa piété
fervente, étoit celui du plus tendre enfant
pour sa mere. Elle le manifestoit sur-tout
par son respect pour le St. Siége et sa
docilité à toutes ses décisions. Lorsque le
Pape Clément XIV, supprima l'institut
des Jésuites, on la vit concentrer en elle-
même la vive douleur que lui causoit cette
étrange événement; et, sans se permettre
le plus léger murmure, elle se contenta
d'adorer en silence la profondeur des ju-
gemens de Dieu sur les enfans des
hommes. (1) Tout ce qui partoit du cen-

---

(1) Qui sait si, dans les voies incompréhensibles de
la Providence, l'absence, pour un temps, de ces
Défenseurs zélés de la Religion n'étoit pas nécessaire,
pour nous faire mieux apprécier l'importance et le
besoin de leur ministere dans l'Eglise de Dieu !
Mais, ce dont on ne peut gueres douter, c'est que,
si le Philosophisme, qui assassine les Rois, n'influence plus désormais les opérations de leurs Conseils, le Sacerdoce et l'Empire, de concert, ne
manqueront pas de demander au Successeur de Clément XIV le prompt rétablissement d'une Société,
dont l'extinction a si visib ment accéléré tous les
malheurs de la France; et par là même, déterminé la crise actuelle qui agite l'Europe.

H 5

tre de l'Unité catholique portoit à ses
yeux un caractere divin. « Tout ce qui
vient de Rome, disoit-elle, m'inspire de
la dévotion. » On la vit témoigner autant
de joie, en recevant un Chapelet, béni
par le Successeur actuel de St. Pierre,
qu'elle en avoit marqué en recevant de
son Prédécesseur le chef-d'œuvre d'or-
févrerie qui décoroit l'Eglise de son Monastere. La foi de la Princesse s'annonçoit encore dans son profond respect
pour les Ministres de la Religion. Elle
honoroit singuliérement tous les Evêques
et les Prêtres. Elle graduoit, cependant,
selon leur mérite connu, l'expression
particulière de son estime pour eux. Ce
sentiment s'élevoit en elle jusqu'à la vénération envers ceux qui soutenoient la
sainteté de leur Caractere par les vertus
de leur état. Ils étoient des Anges à ses
yeux : elle se mettoit à genoux pour recevoir leur bénédiction, et leur demander le secours de leurs prieres.

Quelque distance qu'il y eût de cette
ferveur active, dans laquelle vivoit Mad.
Louise, jusqu'au sommeil de la tiédeur,

la Princesse, dans son extrême horreur pour ce dernier état, avoit imaginé, comme un moyen de l'écarter plus sûrement encore, de faire surveiller sa vigilance par une vigilance étrangere. Elle avoit chargé une jeune Religieuse, qui avoit été sa Novice, de suivre ses actions, ses paroles et toute sa conduite, et de l'avertir de tout ce qu'elle croiroit y appercevoir de défectueux. Pour mieux l'engager à lui rendre ce bon office, elle lui mit en mains des Résolutions qu'elle avoit formées dans la ferveur d'une Retraite, et lui dit : " Voilà ce que Dieu demande de moi, et ce que, par sa grace, je suis résolue de faire. Vous me prouverez votre amitié, en me jugeant sans indulgence, et d'après cette regle. » Elle fut servie à souhait. La Surveillante, pour lui prouver son zele, exerçoit sur elle la censure la plus sévere ; et, bien loin de lui faire grace de rien, elle voyoit souvent des manquemens où il n'y en avoit aucun. Mad. Louise, dans ces occasions, respectant jusqu'aux erreurs du censeur qu'elle s'étoit donné,

H 6

le remercioit, l'encourageoit, lui promettoit de profiter de ses avis ; et elle en
profitoit, en effet, toutes les fois qu'ils
étoient fondés.

Parmi les divers appuis dont elle aimoit à environner sa piété, il en est peu
auxquels elle parût accorder autant de
confiance qu'à la priere. Son union avec
Dieu n'étoit point interrompue : la priere
étoit l'ame de sa vie. Tout le temps que
sa regle lui prescrivoit de donner à ce
saint exercice, lui paroissoit trop court
encore pour traiter avec Dieu des grands
intérêts qui enflammoient son zele.
Etrangere aux affaires de l'Etat, elle
ne le fut jamais à ses besoins ; et c'est
en priant, qu'elle s'efforçoit d'y pourvoir.
Le maintien de la Foi dans le Royaume,
la restauration des mœurs, le soulagement des Peuples, la paix et la tranquillité publique faisoient le sujet habituel de ses vœux et de ses prieres. Digne
fille de St. Louis, elle avoit pour les
François le cœur et toute l'affection de
ce grand Roi. Tout ce qui intéressoit
la Patrie, intéressoit vivement sa piété;

et l'on peut dire que la France avoit en
sa personne un Ministre de paix, toujours en activité pour négocier ses intérêts auprès du Trône des miséricordes.
Aussi Louis XVI, la révéroit-il comme
l'Ange tutélaire de la France. Dans
une visite que ce Prince lui faisoit, à
l'occasion de la naissance du Dauphin :
« Je viens, ma tante, lui dit - il, vous
faire hommage de l'événement qui fait
aujourd'hui la joie de mon Peuple et la
mienne; car je l'attribue à vos prieres. »

Les moindres instans dont Madame
Louise pouvoit disposer, devenoient des
instans de prieres. En quelque endroit
de la maison qu'on la trouvât, on la
trouvoit occupée de la priere. Elle prioit
en travaillant, elle prioit en se reposant,
elle prioit dans sa cellule et lorsqu'elle
en sortoit ; en descendant un escalier ;
en traversant un corridor, elle prioit.
Les Dimanches et les Fêtes, c'étoit par
l'exercice de la priere qu'elle remplaçoit
le travail des mains qui l'occupoit pendant la semaine.

Les jours qui lui laissoient le plus

de loisir pour vaquer à la priere , ne lui
en laissoient pas encore assez , pour
exprimer à Dieu toutes les affections de
son cœur. Elle y employoit une partie
des nuits , sur-tout. pendant le Carême ,
et à certains Vendredis et Mercredis de
l'année ; et toutes les fois encore que sa
piété avoit à solliciter de Dieu quelque
grace importante , ou pour elle - même
ou pour les autres. C'étoit ordinairement jusqu'à minuit qu'elle prioit ces
jours-là ; et les lendemains, on la voyoit
la premiere à l'oraison. Les veilles de
certaines solemnités , telles que Noël ,
Pâques , le Vendredi-Saint , ses Compagnes qui l'avoient laissée le soir au
pied des Autels , l'y retrouvoient encore
le lendemain matin. Une Religieuse lui
représentoit que ces veilles pourroient
altérer sa santé : « Ne me parlez point
de ma santé , lui répondit Mad. Louise ,
je suis honteuse de l'avoir si bonne :
c'étoient les veilles de Versailles qui me
fatiguoient ; celles de St.-Denis me sou-
lagent. Et puis , je vous avouerai que ,
quand je suis devant Dieu , mes besoins

se présentent en foule à mon esprit. Après les miens ; je pense à ceux des autres ; des vivans je passe aux morts, et je n'en puis plus finir. » Elle avoit une dévotion toute particuliere à prier et à faire prier pour les morts. Elle sollicita des Supérieurs-Généraux , et elle obtint d'eux qu'il seroit fait des prieres et des Offices pour le repos des Ames du Purgatoire , tant dans la maison de Saint-Denis , que dans les autres Monasteres de son Ordre.

Mais , de tous les moyens par lesquels la sainte Princesse s'efforçoit de mettre le comble à l'édifice de sa perfection , le plus cher à son cœur , celui dont elle se promettoit et dont elle tiroit en effet le plus grand avantage , c'étoit la Communion fréquente. Une Ame si pure et si détachée du monde et d'elle-même étoit bien digne , sans doute , autant que peut l'être la foiblesse humaine, des plus intimes communications avec son Dieu. La Communion , déjà fréquente , avoit soutenu LA PRINCESSE dans le monde : la Communion , plus fréquente

encore , sanctifia la RELIGIEUSE dans le
Cloître. Peu de mois après son entrée
en Religion , et avant que le temps de
son Noviciat fût expiré , elle donna des
preuves si soutenues d'une tendre et so-
lide piété , elle montra tant de zele
pour sa perfection , que les personnes
chargées de sa conduite, intérieure cru-
rent devoir accorder à la sainteté de ses
dispositions qu'elle communiât tous les
jours. Quoique dans sa profonde humilité , elle se crût peu digne de cette faveur , elle en sentoit cependant si bien
l'importance et les avantages , qu'elle
sut la conserver toute sa vie. « Les uns
» communient souvent , disoit-elle, pour
» se maintenir dans la sainteté, les au-
» tres pour l'acquérir ; et je suis de ce
» nombre. » Elle se confessoit ordinairement deux fois la semaine ; et personne
ne crut jamais que , communiant tous
les jours , elle le fît trop souvent. Les
fruits qu'elle retiroit de la Communion ,
proportionnés aux dispositions qu'elle
y apportoit , étoient sensibles dans sa
conduite, et s'étendoient sur tout ce qui

l'environnoit. Son exemple étoit une invitation touchante et le sujet d'une sainte émulation pour ses Compagnes.

Lorsqu'elle étoit. chargée de la conduite de son Monastere, elle ne recommandoit rien tant à ses filles que la pratique des vertus qui pouvoient les conduire à un saint et fréquent usage des Sacremens. Pleine de zele et d'onction, lorsqu'elle leur parloit de l'abondance de son cœur sur ce sujet : « Croyez-moi, mes cheres sœurs, leur disoit-elle, toute la force d'une Epouse de Jesus - Christ est dans la Communion. Le moyen le plus court et le plus sûr qu'elle ait, pour avancer dans la perfection, c'est la Communion; le secours le plus puissant contre ses ennemis, c'est encore la Communion. La présence réelle de notre divin Epoux, éclaire et épure la conscience, élargit le cœur, en bannit l'ennui, la tristesse et les vains scrupules pour n'y laisser régner que la confiance et l'amour. » On se rappelle ce que disoit la Princesse à une de ses éleves, étant maîtresse des Novices: « Qu'une Religieuse devoit toujours être

» prête à communier et à mourir.» Telle
étoit toujours, en effet, la disposition de
son cœur, tel l'état de sa conscience. Celle
qu'on avoit vue, le matin, s'unir à
Jesus - Christ par la Communion, on la
voyoit, le reste de la journée, se conduire
uniquement par son Esprit et ne chercher en tout qu'à lui plaire. De-là le pieux
empressement qu'elle avoit à multiplier
ses visites au St. Sacrement; de-là cette
tendre dévotion qui, lorsque le St. Sacrement étoit exposé à la vénération publique, la fixoit au pied de l'Autel. On
la voyoit, dans ces Solemnités, passer
jusqu'à dix heures de la journée à l'Eglise.
L'Eglise devenoit sa demeure habituelle :
c'est à l'Eglise qu'il falloit la chercher
lorsqu'on avoit à lui parler.

Les jours du Juste, le St. Esprit nous
l'apprend, sont des jours pleins, des
jours qui n'ont point de nuit, et dont
tous les instans, consacrés par le principe
vivifiant de la grace, lui valent des tré-
sors. Il dort et son cœur veille; les ténebres l'environnent, et le Seigneur est
sa lumiere. Mais l'humilité du Juste

dérobe ordinairement à la connoissance
des hommes profanes le secret de ces
communications solitaires avec son Dieu.
Ici, la Providence, qui vouloit qu'aucun
trait de la vie d'une si sainte Princesse
ne fût perdu pour l'édification de notre
Siecle, semble avoir tout ménagé pour
donner la publicité la plus complette à
ses bonnes œuvres les plus cachées. Une
circonstance unique , le motif d'une
charité vraiment maternelle détermina
Mad. Louise , alors Prieure , à donner ,
pendant la nuit , l'hospitalité dans son
étroite cellule , à une jeune sœur qu'elle
vouloit guérir , et qu'elle guérit en effet
des tourmens de la peur. C'est de ce
témoin irréprochable que nous apprenons
comment elle sanctifioit le temps destiné
au sommeil : je copie dans ses mémoires :
« Lorsque j'étois ainsi seule , avec Mad.
Louise , je cherchois à m'édifier de ses
pratiques de dévotion, et à apprendre ce
que j'ignorois. Je lui proposois de faire
tout haut les prieres par lesquelles elle se
préparoit au sommeil , et elle avoit la
complaisance de me satisfaire. Dans la

crainte cependant de me tenir trop long-
temps éveillée, ou de m'éveiller, si je
m'endormois, elle accourcissoit ces prieres : je veux dire qu'elle cessoit de parler
haut ; mais je m'apercevois souvent
qu'elle continuoit encore de prier à voix
basse. Elle avoit pris de l'eau - bénite ,
en entrant dans sa cellule , elle en prenoit
encore après avoir achevé ses prieres.
L'eau-bénite, me disoit-elle, contracte,
par les exorcismes de l'Eglise , une grande
vertu contre les Puissances des ténebres;
elle y avoit une grande dévotion. Parmi
ses dernieres prieres , elle ne manquoit
pas de réciter le *De profundis*, pour les
Ames du Purgatoire. Elle invoquoit son
Ange - gardien , la Sainte. Vierge et les
Saints , ceux sur-tout dont elle avoit des
Reliques. Elle mettoit son Chapelet à son
cou; et, le Crucifix que nous portons le
jour à notre côté , elle le gardoit aussi
la nuit , ce qui me sembloit devoir la gê-
ner. Je lui en fis l'observation : à quoi
elle me répondit, en riant: « C'est que,
jusqu'à ce que je m'endorme , je lui
parle. » Je lui demandai s'il lui répondoit.
« Oh ! oui , me dit - elle , et l'oreille

du cœur entend ses réponses. » La
derniere de ses pratiques étoit la préparation à la mort , qu'elle faisoit avec
autant de dévotion que si cette nuit eût
dû être véritablement la derniere de sa
vie. Tous les instans de la nuit qu'elle
passoit sans dormir , elle les employoit à
prier. Si elle s'éveilloit peu de temps avant
minuit , elle prioit jusqu'à cette heure ;
et , dès qu'elle sonnoit , elle se levoit,
se prosternoit par terre , et faisoit une
priere pour honorer le Mystere de
Jesus-Christ entrant dans ce monde pour
le racheter. Comme je lui disois un jour
que cette pratique n'étoit pas bien commode , elle m'avoua qu'en effet elle lui
coûtoit assez, sur-tout pendant les grands
froids de l'hiver ; " Mais , qu'est - ce
donc que cela , ajouta-t-elle , pour marquer notre amour à celui à qui notre
salut a coûté tout son sang ! »

Pieuse dans tous les temps , et d'une
piété plus marquée depuis son entrée dans
le Cloître , Mad. Louise parut encore se
surpasser elle-même deux ans avant sa
mort. Comme si elle eût prévu dès-lors
que ce terme dût être prochain pour

elle, on la vit mettre le comble à ses bonnes œuvres et à toutes ses vertus ; et, ce qui nous a paru digne de remarque, c'est que l'époque à laquelle se développa en elle cette nouvelle activité de ferveur, fut précisément celle où, dans sa profonde humilité, elle croyoit avoir le plus à craindre de sa foiblesse ; je veux dire la circonstance de la mort de cette Mere Julie, qui l'avoit formée à la vie Religieuse, et qu'elle avoit toujours regardée, depuis, comme l'Ange de son conseil dans la vie spirituelle. Ce fut en perdant cet appui qu'elle comprit ce que Dieu n'apprend que par degré à ses plus fidelles Serviteurs : que, s'il est de la simplicité de l'Enfance de se montrer docile et sensible aux bons offices de l'Amitié vertueuse, il est de la perfection de l'âge mûr de ne plus chercher sa force et de ne la trouver qu'en Dieu seul. L'aveu que lui fit cette Religieuse, quelques instans avant de mourir : qu'elle avoit fait à Dieu le sacrifice de sa séparation d'avec elle, mais

que cet acte de résignation lui avoit
coûté une demi - heure de combat, lui
fit faire de profondes réflexions à ce
sujet. Sa piété fut effrayée , en songeant qu'une Religieuse , aux portes
de la mort ; put hésiter , pour ainsi
dire , et être partagée , pendant une
demi - heure , entre le Dieu qui l'appelle au Ciel et la Créature qui rampe
sur la terre. Elle en conclut que les
amitiés les plus pures dans les Communautés , et les liaisons les plus
saintes dans leur principe , toujours im-
prégnées , sans qu'on s'en doute , de
quelque levain perfide , peuvent porter
à l'Ame les plus grands préjudices. Dieu
seul alors devint plus que jamais sa
force et sa lumiere ; et , bientôt , elle
eut à s'étonner elle-même de la facilité
avec laquelle elle couroit dans la voie
de la perfection , depuis qu'un bras de
chair ne l'y soutenoit plus.

Les divers Mémoires , d'après lesquels
nous écrivons, s'accordent à dire , que ce
fut alors , sur - tout , que les vertus de
Madame Louise prirent un caractere

d'héroïsme , qui commandoit l'admiration autant que le respect. Voici comment un Ecclésiastique respectable , et
à portée , par son emploi de Supérieur-
général de l'Ordre des Carmélites , de
connoître la Princesse , me traçoit le
précis de ses vertus religieuses : « La
confiance et les bontés dont m'honoroit Madame Louise devroient peut-
être m'imposer silence. Je ne puis
cependant m'empêcher de dire que ,
si elle paroissoit bien Sainte , elle l'é-
toit plus encore qu'elle ne paroisoit
l'être. Que cette Ame héroïque est digne de nos regrets ; des regrets de tous
les bons François , de tous les vrais
Enfans de l'Eglise ! On pouvoit la regarder comme l'appui du Trône par
ses prieres , et la gloire du Carmel
par ses vertus. Elle étoit la consolation des Ames affligées , l'espoir des
Gens de bien, le soutien et la protectrice
constante de la Religion et de l'état Religieux , dans le Royaume et au-delà.
Son zele étoit vif et généreux; mais pru-
dent , soumis et éclairé. En digne fille
de

de Ste.-Thérese, elle eût voulu pouvoir
s'immoler mille fois, pour procurer la
plus grande gloire de Dieu et le salut des
ames. Une foule de traits attestent qu'elle
étoit un prodige de courage , d'humilité,
d'abnégation , d'obéissance à l'égard de
ses Supérieurs , de douceur et de préve-
nance envers ses inférieures ou ses égales.
Les Carmélites de St.-Denis ne vous lais-
seront pas ignorer la tendre affection de
leur mere pour son saint état , sa régularité , sa ferveur , sa condescendance
pour les autres , son austérité pour elle-
même , son amour du silence et de la
pauvreté , son zele pour le maintien et
la pratique de la regle. »

Une des vertus qui frappoient le plus
dans Madame Louise , quelques années
avant sa mort , c'étoit son détachement
des choses de ce monde : il s'étendoit à
tout , il n'avoit point de bornes. Elle ne
tenoit plus à la terre que par la dépendance de son corps : elle habitoit le Ciel
par tous les vœux de son cœur; et cette
vérité , dont ses pieuses Compagnes ne
doutoient pas , l'aveu lui en échappa un

jour à elle-même. Une personne qui lui
avoit fait des offres de services pour la
Capitale du monde chrétien, et auprès
du Souverain Pontife, lui marquoit sa
surprise sur la sobriété de ses démandes :
la sainte Princesse, de ce ton de franchise
qui part d'un cœur pénétré, lui répondit : « Je vous avoue que tout, en ce
monde, m'est indifférent, et que, par
la grace de Dieu, je ne me sens de désirs
que pour l'Eternité et ce qui peut m'y
conduire. » Elle avoit à son usage quelques petits effets analogues à ses goûts,
tels que Reliquaires, Livres de piété,
Images de Saints : dans la crainte de les
posséder avec trop d'attache, elle en fit
don à différentes Religieuses.

Toute sa vie la pieuse Princesse s'étoit
plu à entretenir, dans son ame, cette
crainte salutaire avec laquelle le Saint-
Esprit recommande à l'homme d'opérer
son salut. Elle aimoit sur-tout à s'occuper
de la pensée de la mort; et quoique,
dans son extrême humilité, elle en crai-
gnît beaucoup les suites, elle en parloit
souvent. A l'époque où elle jouissoit de

la plus florissante santé, dix-huit mois avant sa mort, elle dit à une Religieuse qui avoit été sa Novice : « Une de mes grandes craintes c'est d'être privée à la mort de la grace des derniers Sacremens, et que nos Sœurs, alors, ne se déchargent les unes sur les autres du soin de m'avertir de mon état. Convenons d'une chose : si vous me savez en danger de mort, vous m'en avertirez : de mon côté, je vous promets qu'en pareil cas je vous rendrai le même service. » Ainsi fut-il convenu. Madame Louise, qui n'étoit nullement crédule, avoit confié à plusieurs de ses sœurs le pressentiment, qu'elle conservoit malgré elle, de mourir vers sa cinquantieme année ; parce que le terme de ses jours avoit été fixé à cette époque par un homme d'une piété respectable. Voici comme elle racontoit le fait. Un jour que l'Evêque de Langres, M. de Montmorin, étoit à la Cour, elle lui dit : « C'est aujourd'hui, Monsieur, que j'ai vingt-cinq ans. — Hé bien, Madame, lui répond assez brusquement le Prélat, vous êtes à la moitié de votre

vie. » Ce n'étoit pas là le langage d'un
courtisan ; mais, par l'événement ; ce
fut celui d'un prophête : Mad. Louise
mourut à cinquante ans.

Quoique ses actions eussent été une
continuelle préparation à la mort ; quoiqu'elle n'eût laissé passer aucun jour sans
faire, du souvenir de ses fins dernieres, la
matiere d'un exercice particulier ; chaque
année encore, au mois de Décembre, elle
s'appliquoit, pendant neuf jours de suite,
à approfondir ce sujet intarissable d'utiles
réflexions pour l'ame chrétienne : et c'est
ce qu'elle avoit fait environ quinze jours
avant sa mort. Ses compagnes se rappe-
loient également que, peu de temps avant
sa maladie, pendant sa retraite annuelle
de dix jours, elle les avoit singuliérement
édifiées, par de nouvelles preuves et de
sa délicatesse de conscience et de son zele
pour le maintien de la régularité dans le
monastere.

Une vie si sainte, dans son ensemble
et dans tous ses détails, ne pouvoit manquer, sans doute, d'être couronnée de
la mort précieuse des Saints. Mais il con-

venoit, ce semble, que Celle dont tous
les jours avoient été marqués par des sacrifices généreux, offrit dans sa mort un
sacrifice plus éclatant encore que tous les
autres. Il convenoit que Celle qui avoit
vécu en victime mourût en martyre ; et
c'est ainsi que mourut Mad. Louise. Tous
les témoins de sa mort, et les confidens
les plus intimes de ses derniers momens,
sont convaincus qu'elle a mérité de réunir
la couronne du martyre à la palme des
vierges; et nous laisserons nous-mêmes à
Dieu de juger si le genre de martyre
qu'elle dut à la vivacité de sa foi, fut inférieur en mérite à celui que viennent de
souffrir, dans l'Eglise de France, tous
ces illustres confesseurs, auxquels il nous
semble qu'elle ouvrit la carriere. Quoi
qu'il en soit, ne craignons pas de révéler
le secret édifiant et peu connu de la mort
de la Princesse. Elle se portoit parfaitement bien, quoique flottant, depuis quelque temps, entre la crainte et l'espérance
sur le succès d'une affaire qui s'agitoit
dans le cabinet de Versailles, et qui l'in-
quiétoit beaucoup, parce qu'elle intéres-

soit essentiellement la Religion. Le 21
Novembre 1787, une personne de sa
connoissance la demande au Parloir, et
lui dit : " Il faut, Madame, que le Ciel
soit bien irrité contre nous. Les démarches du zele sont superflues, et les prieres
des Saints sans effet : le mal est con-
sommé. Ce que les nombreux ennemis de
la Religion catholique et du nom chrétien
n'avoient pu arracher à la sagesse de nos
Rois, par un siecle entier de manœuvres
et d'importunités, la perfidie d'un Ministre de deux jours vient de le leur accorder ; et ce Ministre, traître à tant de
devoirs, il faut que ce soit un Archevêque. " Madame Louise, à cette nouvelle, est frappée, comme le grand Prêtre
Héli, quand on lui apprend que le camp
d'Israël est forcé et que l'arche sainte est
au pouvoir du Philistin. Un glaive de
douleur a percé son ame, les angoisses
de la mort la déchirent; et, comme saisie,
en ce moment, de l'Esprit de Dieu ; par
la même exclamation, elle plaint la Religion trahie, le Roi trompé, la tranquillité de l'Etat compromise ; elle prévoit

tous nos malheurs , elle les déplore , et ne songe plus qu'à mourir.

De retour du parloir , et sentant déjà l'action du trait qui l'a blessée , elle dit à une de ses Filles : « Prions Dieu de tout notre cœur pour la Religion , ses Ennemis sont bien ardens. » Elle lui raconta ce qu'elle venoit d'apprendre , et ajouta : « Cette nouvelle m'a causé une étrange révolution. » Le mal-être qu'elle éprouvoit ne l'empêcha pas de voir aussitôt quelques-unes de ses Religieuses, occupées alors des exercices de leur retraite annuelle. Elle les entretint avec beaucoup d'onction , sur les avantages de la confiance en Dieu et le besoin de la priere, et leur découvrit le sujet de sa peine. L'une d'elles lui proposoit de s'en ouvrir à la Communauté, afin que toutes priassent en commun , pour le même sujet. « J'y avois pensé , répondit Mad. Louise , mais deux choses m'en empêchent : c'est que ces sortes de nouvelles sont de celles qui peuvent occasionner des murmures contre l'autorité ; et tout notre zele doit se borner à prier pour elle , lors

I 4

même qu'elle s'égare ; et puis, je craindrois que , si l'on savoit de quel poids
cette nouvelle m'a chargé le cœur , on
ne cherchât trop à me distraire ; et je vous
avoue que j'aimerois mieux mourir de ·
ceci, si Dieu le veut , que de m'exposer
aux dangers de la dissipation. »

Le siége de son mal étoit l'estomac.
Une enflure considérable l'indiqua bientôt , et elle en souffroit, par intervalles,
des douleurs aiguës. On vouloit l'engager
à soumettre son mal à l'inspection d'un
homme expérimenté : « Je le lui expli-
querai si bien , répondit-elle , que ce sera
comme s'il le voyoit. » On insista , on
ne fit que l'affliger. On alla jusqu'à lui
dire , que cet excès de délicatesse pouvoit compromettre ses jours. « J'aurois
peine à le croire, reprit-elle ; mais, sacrifice pour sacrifice , celui de la vie me
coûteroit moins que celui qu'on me pro-
pose. » Quelques remedes simples lui
procurerent un soulagement momentané ;
et , suivant son usage , de ne jamais s'é-
couter, lorsqu'il s'agissoit de sa santé ,
elle brusqua cette maladie mortelle comme

une simple incommodité. On la revit,
au bout de quelques jours, à la tête de
sa Communauté, pour en diriger et suivre tous les exercices. La crainte qu'elle
avoit, qu'on ne l'obligeât à s'en absenter,
l'engageoit à laisser croire qu'elle n'étoit
qu'indisposée ; et presque toutes ses filles
s'étoient confirmées dans cette opinion.
Cette prétendue indisposition, cependant, outre de continuelles douleurs de
tête, lui faisoit encore essuyer, de temps
en temps, des crises assez fâcheuses,
dont elle ne pouvoit dérober la connoissance à quelques Religieuses, qui avoient
avec elle des rapports plus immédiats.

Ce ne fut que le 10 de Décembre que,
pressée par la violence du mal, elle consentit à consulter le médecin de la maison.
Une saignée la soulagea de l'oppression
d'estomac qu'elle éprouvoit, mais en lui
laissant ses douleurs de tête et une in-
somnie habituelle. En vain lui proposa-
t-on de se donner du repos : elle répondit
qu'il lui en coûteroit plus à soigner son
mal-être à l'infirmerie qu'à le porter
comme elle faisoit, aux divers exercice

I 5

de la Communauté. Elle croyoit voir,
dans les attentions les plus communes de
la charité , les empressemens irréguliers
d'une affection trop humaine , et elle les
repoussoit religieusement. Ce ne fut que
vers la fin de sa maladie , et quelques
jours seulement , avant sa mort, qu'elle
crut pouvoir accorder à son état et au
vœu de ses Filles , d'aller passer les nuits
à l'infirmerie , et de rompre l'abstinence
de la regle. Du reste , suivant les exercices communs , elle se trouvoit au travail, aux récréations, à toutes les prieres,
à tous les Offices du chœur. Elle com-
munioit réguliérement tous les jours ; et
ç'étoit dans la ferveur de ces dernieres
communions qu'elle se disposoit à celle
qu'elle s'attendoit de faire bientôt en viatique. En effet, tandis qu'on se rassuroit
sur sa tranquillité, sa gaîté même, et les
efforts de son courage , elle-même, jugeant sa maladie , en parloit à son Confesseur, comme de celle qui devoit la
conduire au tombeau , et faisoit toutes
ses dispositions suivant ce pressentiment.
Elle fit une revue exacte de tous ses pa-

piers : elle en brûla quelques-uns et mit
le plus grand ordre dans les autres.

Le mercredi 19 de Décembre, et jour
des Quatre-temps, la malade écrivit à
Madame VICTOIRE ; lui marqua qu'elle
ne se trouvoit pas mal pour son état :
qu'on lui avoit interdit le jeûne ; mais
que, pour le maigre, elle le soutenoit
bien. Personne ne soupçonnoit encore le
danger éminent où se trouvoit la Princesse. Outre le courage qu'elle montroit
en tout, ce qui ne contribuoit pas peu à
entretenir l'illusion sur sa maladie, c'est
que les oppressions d'estomac qu'elle
éprouvoit, étoient suivies de fréquens
accès d'une faim irréguliere, et que l'on
n'imaginoit pas que la faim pût être si
voisine de la mort.

Le jeudi 20, Madame Louise alla à la
messe et y communia ; mais elle ne revint de l'Eglise qu'avec beaucoup de
peine. Le soir, elle voulut encore se trouver à la récréation au milieu de ses filles.

Le vendredi 21, elle passa la matinée
comme la veille, et n'omit aucun de ses
exercices de piété ; mais elle n'eut plus

la force de se porter , comme elle l'auroît désiré , au lieu où la Communauté prenoit sa récréation. Dès le 10 du mois , elle avoit minuté un projet de lettre au Roi. Elle l'écrivit seulement le 21 , et on la trouva dans son porte-feuille , sous cette adresse : AU ROI, MONSEIGNEUR ET NEVEU , POUR ÊTRE REMISE APRÈS MA MORT. Elle écrivit aussi , ce même jour , à Madame ADÉLAÏDE.

Le samedi 22, veille de sa mort, après une fort mauvaise nuit , elle eut encore le courage de se lever ; mais , ses forces ne secondant pas son zele , il lui fut impossible de se rendre à l'Eglise. Une Religieuse , témoin du regret qu'elle avoit de se voir privée de la messe et de la communion, lui proposoit de faire dresser un autel dans l'infirmerie , comme on le fait à la Cour en faveur des personnes malades de la Famille Royale. « Ne voyez- » vous pas , lui répondit l'humble Prin- » cesse , que vous me proposez là une » distinction déplacée ? A la vie et à la » mort , je veux être simple Carmé- » lite. » Elle récita encore ce jour-là , tous ses offices , et s'acquitta de ses dif-

férens exercices de piété. Comme la fête
de Noël étoit prochaine , elle fit des ar-
rangemens qui devoient lui procurer la
consolation de communier en cette solemnité. N'ayant pas la force d'écrire elle-
même , comme elle se le proposoit , à
Madame VICTOIRE , elle dicta pour elle
une lettre qu'elle signa , et où respiroit
encore la douce gaîté de la vertu.

Jusqu'à la veille de sa mort, elle avoit
continué de donner ses soins aux affaires
de la Communauté. Ses filles s'adressoient
toujours à elle pour recevoir les permissions dont elles avoient besoin, et elle les
accueilloit avec sa bonté ordinaire. Sa patience étoit admirable. Elle n'avoit que
des propos de douceur et d'édification à
adresser aux Religieuses , qui se présen-
toient chez elle à toutes les heures du
jour , et sans autres besoins , souvent ,
que celui de s'assurer de son état. Celles
que leur emploi attachoit plus particuliérement auprès de la malade recevoient de
sa part toutes sortes de témoignages d'attention et de charité. Elle les plaignoit ;
elle leur demandoit sans cesse pardon des

peines qu'elle leur donnoit. De temps à
autre , et plus souvent qu'elles ne l'auroient voulu , elle les obligeoit à se retirer
pour aller se reposer ; et, après cela ,
elle s'accusoit encore de n'être pas bonne
malade. Une Religieuse ayant observé ,
à cette occasion , qu'il seroit difficile
qu'elle les édifiât par plus de patience et
de résignation : « C'est toujours bien
» fait, répondit-elle , de juger charita-
» blement les autres. »

Dans les derniers jours de sa vie ,
comme on s'aperçut que l'empressement
de ses filles auprès d'elle la fatiguoit, on
lui représenta que , dans l'état où elle
étoit , elle pouvoit bien se dispenser de
tenir sa porte ouverte. « Non , répondit-
» elle , je me dois à toutes jusqu'à la
» mort. Toutes sont bien-aises de me
» voir , et moi aussi bien-aise de les voir
» toutes. » Elle les fit seulement prier de
se concerter entre elles, pour ne venir
qu'un certain nombre , dans un certain
espace de temps. Il lui étoit si naturel
d'assaisonner de quelques traits gracieux
les réponses qu'elle faisoit à ses filles ,

qu'elle se reprochoit jusqu'à l'impuissance
où la mettoit son état, de leur témoigner toute l'étendue de sa tendresse maternelle. Un jour qu'elle craignoit d'avoir
fait à l'une d'elles une réponse trop con-
cise, en lui accordant une permission,
elle dit à son infirmiere : « Il me semble que
j'ai parlé bien séchement à ma sœur *** :
faites-lui en, je vous prie, des excuses
pour moi. » Elle en fit elle-même, pour
pareil sujet, à une autre Religieuse, en
lui disant : « Je vous demande pardon,
mon cher cœur, de vous avoir si mal
reçue ce matin. » La sœur, étonnée, ne
savoit pas même ce que vouloit lui dire
sa Prieure. Le fait étoit que, lui ayant
demandé si elle souffroit beaucoup, elle
s'étoit contentée de lui répondre : « Oui,
beaucoup, mais cela se passera. » Ce
laconisme, en exprimant une douleur
vive et actuelle, étoit, au jugement de
sa vertu, une réception peu charitable.
Lorsqu'on la mettoit dans le cas de parler
de ses souffrances, ce qu'elle en disoit
n'étoit que l'expression de la piété résignée. On lui demandoit de quoi elle se

plaignoit le plus ? « De la tête , répondit-elle ; je n'ai pu fermer l'œil de la nuit :
il me sembloit que notre Seigneur me
mettoit sur la tête toutes les épines de
sa couronne. »

Son zele pour la régularité , dans ces
derniers momens , porté jusqu'à cet héroïsme que l'on seroit tenté d'appeler
excès , offroit plus à admirer qu'à imiter.
Elle étoit frappée à mort depuis un mois ;
elle se préparoit à mourir , elle n'avoit
plus qu'un jour à vivre, que , par respect
pour la clôture religieuse , elle n'avoit
encore vu le médecin qu'à la grille exté-
rieure du monastere. Ce jour-là même ,
veille de sa mort , elle se porta encore au
Parloir , pour lui rendre compte de sa situation dont l'altération de son visage n'annonçoit que trop visiblement le danger.

De retour à l'infirmerie , elle éprouva
une grande oppression , qui l'obligea de
se mettre au lit. Dès que la douleur fut
appaisée , elle s'occupa des moyens de
recevoir les derniers Sacremens , et fit
appeler son confesseur. Elle se proposoit
encore de se rendre au confessional ; et ,

elle l'eût fait, si ses forces eussent répondu à son zele pour la régularité. Quand
le confesseur parut, « Hé bien, mon
» Pere, lui dit-elle, approchez donc :
» voici la troisieme Prieure de cette mai-
» son à laquelle vous allez fermer les
» yeux. » Elle avoit préparé sa confession ; elle la fit comme la derniere de sa
vie, mais avec la même tranquillité que
si c'eût été une confession ordinaire. Elle
témoigna ensuite qu'elle désireroit de recevoir le Saint Viatique et l'Extrême-
Onction. Mais, trompé comme les autres,
par le courage de la malade, son confesseur lui ayant représenté qu'il ne la
croyoit pas dans le cas de communier en
Viatique, elle le pria d'en conférer avec
le médecin, en lui observant, que ce
seroit une grande consolation pour elle,
s'ils concluoient à ce qu'on lui adminis-
trât les Sacremens. » Au reste, ajouta-
t-elle; qu'on suive en tout les regles : je
suis tranquille : Dieu fera de moi tout
ce qu'il lui plaira. Je me confie entiérement en ses miséricordes. »

Au milieu de ses souffrances, la pieuse

malade goûtoit la paix de la résignation,
et quelquefois même un doux sentiment
de joie, qu'elle ne pouvoit cacher aux
personnes qui l'approchoient. C'étoit alors
sans la moindre crainte qu'elle voyoit la
mort présente, elle qui, dans le plus grand
éloignement, ne l'avoit jamais envisagée
sans frayeur. Elle parloit de mourir comme
on parle d'une action ordinaire de la vie;
elle disoit à une de ses filles, qui avoit
besoin d'être prémunie contre les foiblesses de la peur : " Sans doute que vous
» allez aussi avoir peur de moi, quand
» je serai morte ; mais ne craignez rien,
» je ne ferai jamais de mal à personne. »
Revenue d'une crise des plus violentes,
elle dit à la même Sœur : " Vous ne
» voyez donc pas que je suis à l'agonie. »
Et, sur ce que la Religieuse lui parut
n'en rien croire, elle ajouta : " Vous
» me promettez donc de m'avertir, quand
» il en sera temps? » Elle reçut avec grand
plaisir l'assurance qui lui en fut donnée.
Dans un moment où son confesseur étoit
auprès d'elle, songeant aux Princesses
ses Sœurs, auxquelles elle n'avoit pas

encore fait connoître le danger de son
état. « Je vous prie, lui dit-elle, d'assurer
» mes Sœurs, après ma mort, que j'ai
» toujours eu les mêmes sentimens pour
» elles ; et que, si j'obtiens miséricorde,
» je ne les oublierai pas devant Dieu. »

Comme elle ne pouvoit douter des
cruelles inquiétudes où devoient être toutes ses cheres Filles, elle leur fit dire de
chercher leur paix en Dieu, et de mettre,
comme elle, toute sa confiance en lui
seul. Elle ne vouloit point qu'on priât
pour sa conservation, mais uniquement
pour que la volonté de Dieu s'accomplît
en elle. On lui parloit des prieres que ses
Religieuses ne cessoient de faire à cette
intention : « Elles sont si charitables !
s'écria-t-elle ; aussi, je les porte toutes
dans mon cœur, et je prie Dieu d'être
lui-même leur soutien. »

Tout le temps qu'avoit duré sa maladie, Madame Louise n'avoit pas omis
la récitation de la moindre partie de ses
heures, assurant que cet exercice ne la
fatiguoit pas assez pour qu'elle dût s'en
dispenser. Elle ne l'omit que la veille de

sa mort, et parce qu'on lui avoit ôté son
bréviaire. Ce jour-là même elle avoit encore récité ses offices jusqu'à vêpres. Lorsqu'on l'eut mise dans l'impuissance de
payer à Dieu son tribut ordinaire de
prieres, elle y suppléoit par les affections
de son cœur : elle prioit continuellement.
A sept heures du soir, elle invita les
Religieuses qui la soignoient à réciter avec
elle les Litanies de la Sainte Vierge. A
huit heures, elle demanda si l'heure du
silence n'étoit pas sonnée ? on lui répondit qu'elle l'étoit : « Que ne m'avertis-
» siez - vous donc, reprit - elle ? Etre
» malade n'est pas un privilége pour en-
» freindre le silence. » Elle continua de
s'occuper, dans sa ferveur, de sentimens
analogues à sa situation.

La maladie ne lui avoit rien fait perdre
de son amour pour la mortification, et
elle ne laissoit échapper aucune occasion
d'en multiplier les actes. Elle étoit si
éloignée de rechercher le plus commode
pour son état, qu'on pouvoit à peine lui
faire accepter le nécessaire. Une Sœur ,
ayant vu que sa tête portoit sur une cou-

verture de laine, se mettoit en devoir d'y
passer un linge : « Je suis très-bien, lui
dit Madame Louise ; est-ce que vous
voudriez m'arranger ici comme une Princesse ? » Vers les onze heures de la nuit,
six heures avant sa mort, on voyoit la
malade dans un fauteuil, le dos appuyé
contre un petit coffre, en guise d'oreil-
lers qu'elle avoit refusés. C'est dans cette
situation que la trouva un médecin de la
Cour, que Madame VICTOIRE lui avoit
envoyé pour constater sa maladie.

Dès que ce médecin eut vu la malade,
il jugea qu'elle étoit dans un danger éminent ; et, sans s'ouvrir à elle-même sur
ce qu'il pensoit de son état, il se retira
à l'écart avec le médecin de la maison,
pour concerter les moyens de le lui faire
connoître. Les ménagemens, à cet égard,
étoient bien superflus. Madame Louise
craignoit moins qu'elle ne désiroit d'apprendre qu'elle touchât au terme de sa
dissolution. Aussi avoit-elle chargé une
Religieuse de suivre les médecins ; d'écouter ce qu'ils diroient de sa situation, et
de le lui rapporter fidellement. « Pourvu

qu'ils conviennent que je suis en danger,
dit-elle, cela suffit pour que je puisse
communier en viatique. « Les médecins
ayant avoué qu'ils ne pouvoient répondre
que la malade passât la nuit, la Religieuse revint aussitôt auprès d'elle , et
lui dit : qu'elle pouvoit , quand elle le
voudroit, et dès ce soir même, si elle
le jugeoit à propos , satisfaire le désir
qu'elle avoit de communier. Cette Religieuse étoit la même à laquelle Madame
Louise , étant encore en santé, avoit fait
promettre qu'elle l'avertiroit , si jamais
elle la voyoit en danger de mort. Dans la
joie d'apprendre ce qu'elle désiroit de savoir, « Ah ! que vous me faites de plaisir, s'écria-t-elle, et que je vous sais bon
gré de me tenir la parole que vous m'aviez
donnée : c'est un service que je n'oublierai pas devant Dieu, si, comme je
l'espere, il me fait miséricorde. » — Vous
êtes bien heureuse ! ma Mere , lui répondit la Religieuse, vous allez au Ciel,
et vous nous laissez sur la terre. — « Oui,
je mets toute ma confiance en Dieu,
continua Madame Louise , et je vous

dis que je ne vous oublierai pas : mais, ne perdons pas de temps ; faites disposer toutes choses, pour que j'aie le bonheur de recevoir mon Dieu. »

Une autre Religieuse , qui venoit de reconduire les médecins , étant rentrée ; « Hé bien , lui dit la malade, vous connoissez mon état à présent : me promettez-vous de bien prier pour moi, quand je serai morte ? » La Religieuse l'assura qu'elle le feroit tous les jours de sa vie. « Ce sera , reprit Madame Louise, une bien bonne manière de reconnoître tous mes sentimens pour vous. » Elle lui promit aussi de ne pas l'oublier devant Dieu. Tranquille et sans trouble , elle se disposoit pour l'éternité , comme pour un voyage ordinaire ; elle songeoit à tout. S'étant rappelé qu'une jeune Religieuse, qui avoit été son éleve et qu'elle aimoit beaucoup , avoit fait des instances pour rester auprès d'elle , et qu'elle l'avoit obligée de se retirer, elle désira qu'on l'allàt éveiller. « La pauvre enfant , dit-elle , ne me croit pas si mal ; et, comme elle ne se porte pas bien elle-même, si elle alloit apprendre tout-à-coup la nou-

velle, cela pourroit lui occasionner quelque fâcheuse révolution. » En voyant entrer la Religieuse, elle lui dit, sur le ton de la joie, et comme si elle lui annonçoit la plus heureuse nouvelle : « Adieu donc, Séraphine ; c'est tout de bon que je m'en vais. — Eh ! où allez-vous donc, ma Mere, s'écria la Sœur, courant vers elle et fondant en larmes ? — Gardez-vous de me plaindre, continua la malade : je croyois que le Bon-Dieu me réservoit encore bien des peines et des croix ; et voici que, par sa miséricorde, tout est fini. J'ai la confiance qu'il me donnera son paradis : ne suis-je donc pas bien heureuse ? Non, je ne l'aurois jamais cru qu'il fût si doux de mourir. » La jeune Sœur, dans le sentiment profond de sa douleur, s'avançoit pour embrasser une derniere fois sa bonne Mere ; mais la sainte Princesse, comme si elle eût craint de dérober à Dieu le moindre mouvement de son cœur, se refusa à cette démonstration de tendresse. Une autre de ses filles, en lui rendant un petit office de charité, laissoit échapper quelques signes d'une affection
trop

trop humaine : —La Malade l'en reprit,
en lui disant : « Dieu seul, ma sœur,
» Dieu seul en ce moment. »

En effet, les sentimens les plus légitimes et les plus vertueux, ceux qu'elle
n'avoit entretenus que selon Dieu pendant
sa vie, elle voulut, en mourant, en faire
un sacrifice à Dieu. Rien de terrestre ne
la touchoit plus; elle n'accordoit plus rien
à la nature. On lui demanda si elle ne seroit
pas bien aise que les Princesses ses sœurs
fussent informées plus positivement de
son état ? « Je sens bien, répondit elle,
que je leur ferois volontiers mes adieux ;
mais le devoir d'une Carmélite est de prier
Dieu pour sa famille, sans marquer trop
d'empressement pour la voir. » On étoit
persuadé qu'elle verroit volontiers, dans
ces derniers momens, un Supérieur-gé-
néral de l'Ordre, en qui elle avoit beaucoup de confiance ; et, pour l'engager à
ne pas se refuser cette pieuse satisfaction,
on l'assura qu'il pouvoit être arrivé dans
vingt-quatre heures. « Mais, dans vingt-
quatre heures, répondit-elle, je n'y serai
plus. » Ses filles insistoient : « Non,

Tome II.   K

reprit-elle : outre qu'il ne convient pas
qu'une Carmélite occasionne un voyage
dispendieux pour sa Communauté, sa
présence, s'il arrivoit à temps, ne pourroit servir qu'à me donner un peu de
consolation ; et, par la grace de Dieu,
je suis tranquille. »

Son Confesseur s'étant présenté, elle
lui parla également le langage d'une Ame
qui ne tient plus à la terre, et que Dieu
seul occupe. « Vous me l'aviez bien an-
noncé, mon Pere, lui dit-elle, que mes
frayeurs de la mort se dissiperoient lorsqu'il en seroit temps. Dieu me fait la
grace de l'envisager sans trouble : l'unique
désir qui me retienne en ce monde, est
de recevoir mon Sauveur. » Elle se dis-
posoît à cet acte de Religion par de ferventes prieres, que le besoin seul, où
une charitable condescendance, l'obligeoit quelquefois d'interrompre. Se rap-
pelant qu'elle avoir reçu du Pape un Crucifix, que le Saint-Pere avoit béni, et
auquel étoient attachées des Indulgences
in articulo mortis, elle dit que le temps
de s'en servir étoit venu, et qu'elle desi-

reroit de l'avoir. La Religieuse qui se chargea de l'aller quérir se méprit ; et, au lieu de celui qu'elle demandoit , lui en apporta un autre , le même que la Princesse avoit envoyé au Roi son Pere dans sa derniere maladie. Elle le reconnut , et dit : « Je l'aimerois bien , mais il me rap-
» pelle des souvenirs trop humains : don-
» nez-moi l'autre. »

Quelques instans avant qu'elle reçût les Sacremens , n'ayant auprès d'elle qu'une Religieuse qui la soignoit habituellement, elle lui demanda de nouveau pardon des peines qu'elle lui donnoit; et, comme elle la voyoit dans la douleur : « Si ma mort peut être pour vous un sujet de sacrifice , lui dit-elle , songez que Dieu l'exige de vous. » La Religieuse lui ayant témoigné qu'elle s'y résignoit , la Malade en eut beaucoup de joie ; et, comme pour lui marquer sa satisfaction , elle lui donna encore quelquels conseils d'amitié ; l'exhorta à se rappeler ceux qu'elle lui avoit souvent donnés, et continua ainsi : « Suivez toujours le gros de la Communauté ; fuyez

K 2

les particularités. Dès que vous aurez une
nouvelle Prieure , rendez-lui compte de
vos dispositions et donnez-lui votre confiance. Adieu , je ne puis vous en dire
davantage : pressez , pressez , pour que
je reçoive mes Sacremens , car bientôt je
ne le pourrois plus... O mon Jesus , ne
permettez pas que je sorte de ce monde ,
sans avoir eu le bonheur de vous recevoir! »
Elle fit elle-même quelques dispositions
relatives à la cérémonie de son Administration , et continua sa préparation dans
le recueillement et la paix. De temps-en-
temps elle exprimoit les désirs de son
cœur par de ferventes aspirations. Elle dit
par trois fois : « Venez, Seigneur Jesus ,
ne différez pas plus long-temps mon bonheur ! » Elle répéta la même prière er
Latin : *Veni, Domine Jesu, noli tardar* ,
Pendant que le Prêtre étoit en mar ne
pour lui apporter le St. Viatique , elle récita le Pseanme *Miserere* et le Cantique
Magnificat, après avoir invité deux Religieuses , qui étoient restées à l'Infirmerie ,
à s'unir à elle. Les Versets qui la touchoient davantage, elle les répétoit. Elle

s'écria, à plusieurs reprises! *In te Domine , speravi: non confundar in æternum.* »
Les sentimens qui éclatoient le plus en
elle, dans ces derniers instans, étoient la
confiance et la joie. Ne pouvant plus les
contenir, en voyant entrer le St. Sacrement, elle s'écria, dans un pieux trans-
port : " Il est donc arrivé , ô mon divin
» Epoux, il est arrivé ce moment! ô mon
» Dieu, qu'il m'est doux de vous sacri-
» fier la vie ! » Elle suivit avec une fermeté héroïque les prieres qui se faisoient
pour elle, écoutant les unes , répondant
aux autres. Attendri par le spectacle , le
Prêtre hésitoit au milieu de l'auguste
Cérémonie : la sainte Princesse alors ,
d'un ton mêlé de douceur et de gravité ,
lui dit : " Courage donc, mon Pere , cou-
» rage, courage. » Ce peu de paroles péné-
tra tous les cœurs : des larmes coulerent
de tous les yeux ; et, bientôt après, avec
plus d'abondance encore , lorsque la Malade, adressant la parole à la sous-Prieure
qui étoit auprès d'elle, lui dit : " Je vous
» charge, ma Sœur, de prier la Commu-
» nauté de me pardonner tous les sujets

K 3

» de peine que je lui ai donnés, par mes
» irrégularités, par mes lâchetés et tous
» mes autres défauts. »

Après qu'elle eut reçu le St. Viatique,
la joie de posséder le Dieu de son salut,
parut charmer ses douleurs. Elle oublia
ses maux, et se sentit animée d'une force
et d'un courage qui l'étonnerent. Sa piété
l'avertit, à l'instant, de l'usage qu'elle en
devoit faire, pour l'édification de celles
dont Dieu l'avoit chargée ; et ses dignes
filles, attentives à recueillir jusqu'aux
moindres expressions de la tendresse de
leur mere, ne perdirent pas un seul mot
du Testament qu'elle leur laissoit en mourant. « Mes cheres Sœurs, leur dit-elle,
je crois de mon devoir, puisque Dieu
m'en laisse la force, de vous rappeler en
ce moment, les avis que je vous ai souvent donnés, et auxquels je vous conjure
de faire une sérieuse attention : je vous
recommande la plus grande régularité, et
plus d'exactitude que jamais à vous rendre aux exercices de Communauté. Trou-
vez-vous à la minute où le devoir vous
appelle, sans compter sur les avant-

quarts. Soyez fidelles au silence : qu'on
n'ait point de petits mots à se dire, jamais
d'entretiens secrets, point de particularités. Aimez-vous généralement toutes,
les unes les autres. Conservez un grand
amour pour notre sainte regle et nos
Constitutions. Faites cela, et vous y trouverez le bonheur. » Prenant ensuite un
ton plus familier, elle continua : « Je vous
ai toujours regardées, et toujours je vous
ai aimées toutes comme mes Compagnes,
mes Amies, mes sœurs et mes meres; et
je sens encore que vous m'êtes tout
cela, à présent qu'il faut que je vous
quitte. Mais, mettez en Dieu votre confiance, il sera votre soutien et votre consolation. J'espere aussi que ma Famille,
en ma considération, continuera d'avoir
des bontés pour vous. Quand je parle de
considération, vous imaginez bien que je
n'aspire pas à ce qu'on se souvienne de
moi : ou, du moins, ce n'est que pour
notre Maison et pour l'Ordre que je le
désire. » A peine ces dernieres paroles
sont-elles prononcées, que les sanglots
éclatent, que les gémissemens se prolon-

gent autour de la Malade. Pour elle toujours inébranlable dans sa fermeté, elle
rappelle ses filles à des sentimens plus cou-
rageux; et, blâmant comme une foiblesse
celui qui les pénétre, elle leur dit : «Pour-
» quoi donc encore ces pleurs? à quoi sert
» de vous affliger ainsi? Oui, je vous le
» répete, c'est en Dieu seul que vous de-
» vez vous confier, et Dieu aura soin de
» vous : et puis, j'espere que, bientôt,
» nous nous retrouverons toutes dans
» l'Endroit où je vais. »

Non contente des témoignages d'affection qu'elle venoit de donner en général à
toutes ses filles, son cœur maternel sol-
licitant pour l'une d'elles un avis particulier, elle la fit appeler aussi-tôt pour le
lui donner. La Religieuse, en l'abordant,
tombe à ses genoux, s'accuse, et lui demande pardon. Mad. Louise lui donne
sa bénédiction, et lui dit : " Me voici,
ma chere sœur, prête à aller paroître devant Dieu. Telle vous me voyez, en ce
moment, telle vous serez bientôt vous-
même. Le désir que j'ai que vous vous
prépariez un jugement favorable, m'en-

gage à vous recommander, pour la derniere fois, de travailler sérieusement à
votre sanctification, en combattant sur-
tout tel et tel défaut. " La Religieuse,
fondant en larmes, remercie sa sainte
mere, et se retire pénétrée des charitables soins de celle qui savoit aimer ainsi
jusqu'à la mort.

Dès l'instant où l'on avoit dit à Mad.
Louise qu'elle pourroit communier en
Viatique, elle avoit demandé si on ne lui
administreroit pas en même temps l'Extrême-Onction ? On ne lui répondit pas
alors d'une maniere positive : elle temoi-
gna de nouveau, le désir qu'elle auroit de
recevoir ce Sacrement, tandis qu'elle
étoit encore en pleine connoissance, et
l'on déféra à son pieux empressement.
Pendant cette seconde Administration,
ce fut, de sa part, même courage, même
application aux prieres de l'Eglise, que
lorsqu'elle avoit reçu le St. Viatique. Au
calme profond qu'elle montroit pendant
la Cérémonie, on eût dit que toute autre
qu'elle en étoit l'objet. L'habitude du
zele la rendant attentive, jusque dans

K 5

ces derniers instans , au maintien des moindres Observances, elle dit à une Religieuse , qui étoit auprès d'elle : « Votre » voile, ma sœur, n'est pas assez baissé. » Dans des dispositions comparables à celles de St. Paul , elle eût voulu pouvoir hâter les progrès de sa dissolution ; et , se sentant assez de courage pour exhorter elle-même son Ame à sortir de ce monde , elle demanda qu'on lui récitât les prieres des Agonisans. On lui représente qu'elle n'est pas encore à cette extrémité : elle fait de nouvelles instances , et dit : « N'im- » porte , ce sera une consolation pour » moi de pouvoir m'unir à ces prieres. Je » voudrois bien n'en rien perdre, car je » suis avare des prieres de l'Eglise ; oui , » j'en suis avare. »

Le Médecin de Madame Victoire étant rentré dans la chambre de la Malade , lui demanda comment elle se trouvoit ? « Fort contente , Monsieur, répondit-elle : j'ai reçu mon Sauveur; mon Jesus avec moi , je suis parfaitement tranquille. » Quelques instans après , elle ajouta : « Je vous charge , Malouet, de mes adieux pour mes sœurs. Vous leur ferez bien mes amitiés, et leur rapporterez ce que vous voyez : que je meurs dans la plus grande paix. Dites-leur aussi que je les prie d'avoir toujours des bontés pour cette maison et pour l'Ordre, et que je leur recommande notre Médecin. »

Tandis que la Malade, toute occupée du soin d'épurer son ame, sembloit oublier l'état de son corps, les progrès du mal augmentoient sensiblement. Déjà on lui avoit appliqué les cantharides au bras, mais sans succès. Le Médecin lui proposa de tenter une nouvelle application du topique ; à quoi elle marqua la plus grande répugnance. Cette Ame si pure, qui, toute sa vie, avoit montré une vertu d'Ange dans un corps mortel, éprouvoit encore en mourant les alarmes exagérées de la pudeur. On insista: on lui fit un devoir de ne pas négliger un remede qui pouvoit avoir d'heureux effets. « Il ne les aura pas pour moi, ces effets, répondit-elle, et je souhaiterois bien qu'on me laissât mourir tranquille ; mais, puisqu'on le veut ainsi, je ne dois refuser ni d'obéir ni de souffrir. »

Desirant de laisser un gage de sa reconnoissance à deux Religieuses qui, plus particuliérement chargées de la servir pendant sa maladie, l'avoient fait avec tous les empressemens de la charité, elle dit à l'une d'elles, en lui montrant le Crucifix qu'elle tenoit à la main : « Je voudrois bien vous laisser ce Crucifix; » puis, en s'adressant à l'autre, « et à vous, ma sœur, le petit noir que vous connoissez, et que vous trouverez dans une boîte bleue; mais sous la condition, que la Prieure qui me succédera, ne voyant rien en cela qui blesse l'esprit de pauvreté, vous accorde la permission de garder ce que je vous offre; car à Dieu ne plaise que je prétende disposer en Propriétaire, ou par forme de Testament. » Telle fut la derniere leçon de régularité que la Princesse mourante offrit à ses Religieuses; et toute la dépouille de la fille d'un Roi de France se réduisit à deux Crucifix de bois.

Continuellement occupée du bonheur

du Ciel, où la portoient tous ses désirs ,
elle parla encore à plusieurs Religieuses
qui s'approchèrent d'elle, et ne leur parla
que de la grandeur de ses espérances et
de la joie qu'elle avoit de quitter la terre.
Ces sentimens consolateurs, aux appro-
ches de la mort , sont essentiellement
ceux de toute Epouse de Jesus-Christ ,
fidelle à sa vocation ; mais on sent avec
quel empire ils devoient sur - tout agir
sur le cœur de celle qui, née Princesse ,
mouroit Carmélite. Un moment avant sa
mort, elle s'écria : « Il est donc temps ! »
et quelques instans après : « Allons, le-
vons-nous, hâtons-nous d'aller en Paradis. » Ce furent les dernieres paroles que
prononça la sainte Princesse. Bientôt
après elle expira , ayant porté pendant
un mois le coup mortel qui l'avoit frappée. Sa mort, douce et paisible comme
le sommeil du Juste, ne fut annoncée par
aucun mouvement convulsif ; aucune
agitation violente ne l'accompagna ; et
son dernier soupir fut un soupir de paix.
Ce fut le 23 de Décembre 1787 , à quatre
heures et demie du matin que la Religion

et l'Etat firent cette perte, qu'on peut
regarder comme le dernier avant-coureur
de ce déluge de maux qui, depuis cette
époque précise, fondit par torrens sur
tous les points de l'Empire françois.

———————

Le Lecteur nous saura gré de transcrire
ici la conclusion d'un des Mémoires sur
lesquels nous avons travaillé. « J'ai vu
mourir plusieurs Personnes d'une maniere
bien édifiante ; mais je puis dire que jamais mort n'a fait sur moi tant d'impression que la sienne, et je vivrois encore
quatre-vingts ans que je ne l'oublierai jamais. J'étois alors auprès d'elle, lui tenant
son Crúcifix... J'ai rappelé ses dernieres
paroles; mais il ne me seroit pas possible.
d'exprimer le zele, la foi et la ferveur
qui les animoient. Elle a vécu en Sainte
et en grande Sainte, elle est morte de
même.... Il me sembloit, en voyant
mourir cette seconde THÉRESE, que j'as-
sistois à la mort de la premiere.... J'ai
senti la grandeur de ma perte, celle de la
maison, celle de l'Etat religieux et de
toute l'Eglise : mais, pour elle, je n'ai pu

la plaindre un instant. Il me semble la voir au Ciel ; et j'avoue que son tombeau , où , en priant pour elle , comme elle me la fait promettre , je réclame aussi son secours , m'est un lieu de consolation , de force , de lumiere et de grace. J'en ai été frappée en plusieurs circonstances. Aussi y vais-je avec la même confiance qu'elle m'a toujours inspirée pendant sa vie. Je m'y rappelle les instructions et les avis que cette bonne mere m'a donnés ; et je puis dire qu'elle me sert encore actuellement de Modele et de Guide dans le chemin de la vertu. Dieu me fasse la grace de l'y suivre. »

Cette haute idée de la sainteté de Madame Louise , et cette confiance en son crédit auprès de Dieu , ne sont pas concentrées dans l'étroite enceinte du Monastere qu'elle édifia. Des Lettres et des Relations circonstanciées de divers Endroits de la France , de Paris et de Montpellier , de Beaune et de Rouen , de Carpentras et de Poitiers , nous parlent de guérisons de plusieurs maladies réputées incurables , et attestent qu'elles furent

la suite immédiate de vœux adressés à
la sainte Carmélite. N'ayant pas été témoins des faits par nous-mêmes, et ne
pouvant répondre que de la droiture et
de la bonne-foi des Personnes qui les rap-
portent, nous ignorons jusqu'à quel point
ils soutiendroient la rigueur extrême des
examens établis à Rome, pour constater
les Miracles. Mais, ce qui nous paroît
incontestable, c'est qu'il n'est ni témé-
raire de solliciter des faveurs du Ciel,
ni surprenant qu'on les obtienne par
l'entremise de celle dont toute la vie fut
un Prodige de vertus et la mort un
Martyre.

Fin du quatrieme et dernier Livre.

ECRITS ET LETTRES

D E

MADAME LOUISE DE FRANCE,

RELIGIEUSE CARMÉLITE.

No u s avons cru faire plaisir aux ames pieuses, en ajoutant à la vie de Madame Louise ce petit recueil d'écrits et de lettres tracés de sa main, et qui sont comme autant de pieces justificatives de ce que nous avons dit de la constante et courageuse piété de la Princesse, et de cet esprit de détachement de l'ame vraiment religieuse, pour qui Dieu seul est tout, et dont rien au monde ne peut altérer le contentement et la paix intérieure.

Sentimens de Madame Louise, tracés de sa main dans un écrit qu'on a trouvé après sa mort dans son porte-feuille.

Béni soit à jamais le Dieu de toutes miséricordes ; disons-le sans cesse, et, s'il est possible, à tous les instans de notre vie : disons-le chacune sur nous, chacune sur les autres. Obtenons les

continuations de cette adorable miséricorde dont nous ne pouvons nous passer
tant que nous vivrons; mais disons-le
avec autant de confiance dans les mérites
de J. C., que de sentimens de notre
besoin.

C'est l'amour qui rend large le chemin
étroit de la pénitence, et qui nous le
fait paroître uni et spacieux; et, par un
effet contraire, la grace qui poursuit le
pécheur, lui remplit de gênes, d'épines
et de montuosités le chemin où il marche;
et tout large qu'il est, le borde de pré-
cipices toujours effrayans. Telle est cette
miséricorde adorable, soit qu'elle coure
après nous pour nous regagner, soit
qu'elle marche à côté de nous pour nous
soutenir. Ah! ne nous lassons jamais de
la bénir, de la louer, de l'invoquer,
d'avoir les yeux sur elle, de nous y confier, de nous y appuyer, de prêter l'o-
reille à sa voix, et de suivre son attrait
sans balancer, avec courage, amour, ferveur et dévotion.

Nous avons bien raison de répéter sans
cesse, que Dieu est bon, qu'il est mi-

séricordieux ; eh! qui est-ce qui ne doit pas le répéter éternellement ce beau pseaume : *Confitemini Domino quoniam bonus , quoniam in sæculum misericordia ejus.*

David y raconte les bienfaits que Dieu a versés sur son peuple. A chaque verset, il s'écrie : *Quoniam in sæculum misericordia ejus.* Ah ! si nous mettions par écrit tout le détail de notre vie , il n'y auroit pas de lignes où ce refrain touchant ne vînt à merveille , et nous en ferions un *Confitemini Domino quoniam bonus* qui ne finiroit point. Mais les miséricordes de Dieu , toutes nombreuses , toutes infinies qu'elles ont été jusqu'ici sur nous , ne sont point épuisées ; il nous reste encore à éprouver et toujours avec la même abondance , et toujours avec une plus grande abondance encore, si nous le voulons. Oui , si nous le voulons , quelque grands , quelque multipliés qu'aient été nos égaremens , il suffit que nous revenions à Dieu sincérement , de tout notre cœur , et aussitôt il oublie tout, il pardonne tout, il se livre à nous , comme si

jamais nous n'avions été ses ennemis. O
bonté , ô miséricorde ! quand on l'a
conçue , quand on l'a méditée , peut-on
aimer autre chose que Dieu ? Peut-on ne
pas mourir de regret de l'avoir offensé ?
Peut-on, en même-temps , ne pas mourir de joie de se sentir bien avec lui ?

Nous sommes tous, sans exception ,
les pauvres, ou , comme dit St.-Augus-
tin , les mendians de Dieu ; il n'est personne qui ne soit obligé de lui demander
journellement son pain : *Panem nostrum
quotidianum da nobis hodie.* C'est ce que
Jesus-Christ nous a enseigné lui-même ,
en apprenant aux Apôtres, et par eux à
tous les hommes, comment il faut prier.

Nous sommes donc tous obligés de reconnoître notre pauvreté et d'implorer la
miséricorde divine dans des sentimens
conformes à ceux des pauvres qui demandent l'aumône aux riches. C'est à ces
sentimens que Dieu attache ses libéra-
lités : *Suscitans à terrd inopem , et de
stercore erigens pauperem. Ut collocet eum
cum principibus , cum principibus populi
sui.* Il va chercher le pauvre dans la pous-

siere , il le tire de son fumier et l'éleve
au rang des Princes de son peuple. Au
contraire , les riches , c'est-à-dire ceux
qui s'estiment riches , il les laisse dans
leur superbe pauvreté , et les renvoie les
mains vides : *et divites dimisit inanes.*

Regardons la Sainte Vierge elle-même ,
se reconnoître pauvre et attribuer à l'aveu
que son cœur en faisoit sans cesse, toutes
les graces dont elle est comblée : *Quia
respexit humilitatem ancillæ suæ.*

Qui pourroit ne pas s'anéantir en considérant l'humilité d'une créature si parfaite ? Mais aussi, qui pourroit ne pas
être rempli de confiance au milieu même
de son anéantissement , en considérant
dans un si bel exemple la récompense de
l'humilité ?

Lorsque , pour désarmer Dieu , nous
nous armons contre nous-mêmes, il faut
que la vue de nos péchés nous anéantisse
en présence de ce Dieu si grand , si terrible , que nous avons eu le malheur
d'offenser : il faut qu'elle brise notre
cœur de crainte et de regret ; il faut
qu'elle nous pénetre d'une sainte haine

contre nous-mêmes ; il ne faut pas néanmoins que la vue des miséricordes de Dieu nous abandonne , que le souvenir du sang précieux qui a coulé pour effacer ces péchés que nous détestons , nous échappe. C'est du fond de l'accablement où David étoit plongé par la vive image de ses péchés , c'est en se repliant sur la contrition même dont son cœur étoit déchiré et sur la profonde humiliation où il étoit tombé , qu'il s'écrie avec la plus ferme et la plus douce confiance : *Cor contritum et humiliatum Deus non despicies.*

Non, ô mon Dieu ! vous ne rejetterez pas un cœur contrit et humilié. Voilà le sentiment qui doit toujours régner dans notre cœur , et qui doit répandre sa douceur sur tout ce que les autres peuvent avoir de plus pénible , de plus amer et de plus déchirant. Il est plus miséricordieux que nous ne sommes pécheurs , et nous ne devons pas nous allarmer de ces contrariétés que nous sentons en nous , de ces vicissitudes de ferveur et de lâcheté ; ce sont des combats que Dieu

nous a ménagés pour nous faire remporter des victoires, et mériter des couronnes. Allons, allons à lui de tout notre
cœur ; que nos chutes passées nous donnent une nouvelle ardeur, une nouvelle
confiance en lui, une nouvelle défiance
de nous-mêmes ; c'est lui qui nous a re-
levés, c'est lui qui nous soutiendra. Ne
songeons qu'à réparer le temps perdu ;
c'est dans le cœur adorable de Jesus que
nous puiserons cette grace. Nous l'avons
percé, ce cœur divin ; mais nous devons
le regarder avec autant de confiance que
de douleur.

A travers cette plaie que nos cruelles
mains lui ont faite, pénétrons jusque
dans les replis les plus cachés. Ah ! ce
n'est pas de vengeance et de colere que
nous le verrons palpiter, c'est de tendresse
pour nous ; c'est de compassion pour
nos foiblesses ; c'est de désir pour notre
salut ; c'est de bonté, c'est d'indulgence,
c'est de miséricorde.

Attachons-nous donc pendant toute
notre vie à la croix sur laquelle il fut percé ;
mais tenons-nous-y avec les sentimens

de ce criminel compagnon de son martyre, lorsqu'il eut entendu ces consolantes paroles : *Hodie mecum eris in
paradiso.* C'est à tous les pécheurs pénitens 'qu'elles furent adressées en sa personne : *Hodie mecum eris in paradiso.*

Dieu demande de nous la plus grande
fidélité par préférence aux austérités. En
cela, il ne nous traite pas plus doucement que ceux à qui il demande des
choses extraordinaires ; non, les haires,
les cilices, les ceintures de fer, les brasselets, les disciplines n'ont rien de plus
difficile, même de si difficile, que l'exactitude, la ponctualité constante et soutenue
dans cette suite continuelle d'exercices
qui ne finissent point, qui renaissent toujours et qui ne laissent pas un moment
pour reprendre haleine. Il n'est pas douteux que c'est à cette fidélité que Dieu a
attaché les consolations que nous désirons
tant ; elles en sont, dans l'ordre de la
grace, l'effet comme naturel : Dieu est
fidelle à ceux qui le lui sont.

Armons-nous donc de courage et de
constance, suivons Jesus-Christ que nous
avons

avons toujours sur les levres, toujours
dans le cœur, suivons-le pas à pas ; ne
le laissons jamais, lorsqu'il nous appelle
à l'oraison, à l'office, à la priere, à
quelques devoirs de charité. Ne tergiver-
sons jamais avec lui, ne lui disputons
rien, ne le contristons pas ; faisons sa
volonté franchement, entiérement ; sa-
crifions-lui toute la nôtre sans réserve :
n'ayons qu'une ame et qu'un cœur avec
lui, et ne craignons pas que cela dégénere
en esclavage ; son joug est doux et léger :
où il y a de l'amour, il n'y a point de
peines. Il n'y a rien de moins servile ni
de si libre que les enfans de Dieu.

Mais, d'un autre côté, ne nous allarmons pas, ne nous inquiétons pas si,
selon la foiblesse dont nous ne saurions
nous dépouiller tant que nous porterons
ce corps mortel, nous nous apercevons
de quelques manquemens ; ni même, en
conséquence, si nous sentons notre dévotion se réfroidir ; ce n'est qu'un avertissement que Dieu nous donne : avertissement pour nous tenir dans l'humilité ;
avertissement pour nous réveiller, pour

Tome II.   L

nous renouveler. Il faut partir de là pour
faire une nouvelle course, avec un nouveau courage, une nouvelle ferveur, reconnoissant que Dieu est toujours juste,
que c'est toujours notre faute lorsqu'il
nous prive de ses consolations. Il faut
les lui demander humblement, non pour
notre satisfaction, mais pour nous aider
à le mieux servir; nous soumettant, cependant, si c'est sa sainte volonté, à
nous en passer toute notre vie, et nous
réduisant à le supplier, dans ce cas-là,
de nous donner la force dont nous aurons
besoin.

Bannissons de notre esprit tous les scrupules, et demandons à Dieu la paix et la
joie d'une bonne conscience, sans que
cela affoiblisse les sentimens de pénitence
auxquels nous sommes obligés.

Il n'est pas nécessaire de pleurer, il
suffit d'être touché. Prions Dieu, lorsque
nous l'aurons été, de conserver ces sentimens dans notre cœur, et d'y graver,
en traits ineffaçables, le souvenir de ses
miséricordes, afin qu'elles se représentent
continuellement à nos yeux, qu'elles

soient notre consolation, notre force,
notre unique appui. Hélas! dans notre
foiblesse, dans notre misere, où trouve-
rions-nous un autre soutien? Mais d'ailleurs, quel soutien que celui de la fidélité d'un Dieu, de la toute puissance,
de la toute bonté de Dieu même! Appuyé sur ce roc inébranlable, quel est
l'ennemi que nous ne devions braver? *Si
Deus pro nobis, quis contra nos?* Que
ce soit notre devise : opposons-la à tous
les obstacles qui se rencontreront sur
notre chemin, et nous les verrons tous
s'applanir et nous livrer un passage aisé.
Rien en notre nom, mais tout au nom
du Seigneur.

Lorsque nous aurons des victoires à
remporter sur nous-mêmes, disons-nous
toujours : *Si Deus pro nobis, quis contra nos?*

Nos propres forces ne sont rien. Nous
sommes des enfans que leur propre ombre
effraye; mais, avec Dieu, nous sommes
des braves, que le fer, la mort et l'enfer
même ne feroient pas reculer. *Quis nos
separabit à charitate Christi?*

L 2

Ne nous confions donc point dans nos propres forces , mais uniquement dans celles de Dieu. Le manque de cette confiance est un outrage indigne de celui en qui nous nous confions. Nous éprouvons chaque jour ce qu'on gagne à n'aimer rien que Dieu et pour Dieu. Autant d'affections naturelles que nous retournons vers Dieu , autant d'épines que nous arrachons de notre cœur. L'épreuve que nous en ferons , nous animera à travailler de plus en plus sur nous-mêmes. Qelle paix, quelle joie nous goûterons , lorsque nôtre conscience nous rendra ce témoignage si consolant, qu'il n'y a plus rien dans notre cœur , plus rien du tout qui ne soit de Dieu , qui n'appartienne à Dieu , qui ne vienne de Dieu et qui ne tende à Dieu ; que sur-tout Dieu vit en nous et que nous vivons tout en lui !

L'état de sécheresse où nous nous trouvons quelquefois , est peut-être , de la part de Dieu , une grande miséricorde. Dans le penchant qu'il nous voit à nous complaire en nous-mêmes, si les louanges des hommes nous tentent , que seroit-ce

des louanges de Dieu lui-même ? Et ces
graces sensibles dont nous sommes pri-
vés , ces douceurs , ces consolations, ne
sont-ce pas des signes que Dieu est con-
tent de nous ? Ne sont-ce pas de véri-
tables louanges de la part de Dieu ? mais
qu'elles sont flatteuses ! il faut être bien
fort pour les soutenir ; Saint Paul lui-
même auroit pu craindre d'y succomber,
et elles ne lui furent accordées qu'avec
un contrepoids terrible qui l'avertissoit
sans cesse de s'humilier. Bénissons donc
les miséricordes de Dieu qui nous épargne
cette tentation et qui nous conduit par
des voies peut-être plus pénibles , mais
beaucoup plus sûres, beaucoup moins
dangereuses.

Un temps viendra , et nous ne devons
pas cesser de lui demander de le hâter ;
un temps viendra que nous ayant for-
tifiés contre tous les périls de l'orgueil
par une suite d'épreuves , il se livrera
à nous avec toutes ses douceurs ; mais il
faut attendre ce temps avec patience ,
avec résignation, avec constance. Prions-
lè, sollicitons-le, exposons-lui nos peines;

L 3

plaignons - nous à lui comme un enfant docile à un pere tendre , mais sans
jamais murmurer , jamais se rebuter ,
jamais se décourager ; soyons toujours
soumis , toujours humbles , toujours re-
connoissans de tant d'autres graces qu'il
nous fait , toujours résolus de le servir
à quelque prix que ce soit , *et ce , jusqu'à la mort* : et , après tout , quand
cela dureroit jusque-là , est-ce trop pour
mériter le Ciel ? Est-ce trop pour faire
pénitence ? La vie est-elle donc si longue ?
L'éternité est-elle donc si peu de chose ?
Jesus-Christ notre chef , notre modele ,
a-t-il été traité autrement ? Pourrions-
nous exprimer avec plus d'énergie la
peine de notre état , qu'en empruntant
les paroles de notre divin époux : *Ut
quid , Domine , dereliquisti me ?*

Pourquoi, ô mon Dieu ! m'avez-vous
abandonné ? Et ces paroles, il est mort ,
les ayant encore pour ainsi dire sur les
levres , qu'aurions-nous à dire quand
nous serions traités de même ?

Ne nous allarmons donc pas ; bannissons les anxiétés , les inquiétudes , les

scrupules ; laissons les vents gronder, la
mer s'agiter, allons à Jesus-Christ avec
confiance. Sa main, quelque invisible
qu'elle soit, sa main nous soutient ; et
ne nous attirons pas la réprimande qui
fut faite à Saint Pierre, *homme de peu
de foi, pourquoi avez-vous douté ?*

Nous avons à faire à un Dieu fidelle,
qui ne permettra pas que nous soyons
tentés au-delà de nos forces, au-delà des
forces qu'il nous donne, qu'il sait proportionner aux épreuves où il nous met, et
qu'il s'est engagé d'y proportionner. Nous
voulons faire pénitence ; et la pénitence
nous la trouvons aimable, en ce qu'elle
obtient non seulement le pardon, mais
encore l'amitié de Dieu que nous avons
offensé. Notre pénitence, c'est l'état pénible où nous sommes ; elle n'est pas de
notre choix, mais elle est du choix de
celui à qui nous voulons la faire agréer ;
c'est donc la meilleure que nous puissions
faire, et il faut nous estimer heureux de
ce qu'il veut bien nous l'imposer lui-
même. Notre tranquillité, notre con-

L 4

fiance, loin d'en être diminuée, doit en être augmentée.

Lorsque nous avons quelque chose de plus pénible à soutenir qu'à l'ordinaire, soit du genre de vie que nous avons embrassé, soit de l'influence des saisons ; souvenons-nous de ce que Jesus-Christ a souffert pour nous, représentons-nous vivement ce poids immense qui nous attend, et dont la comparaison avec le poids le plus lourd que nous ayions à supporter en ce monde, est si propre à le faire disparoître.

Le Seigneur se plaît à exercer ses élus, tantôt au-dehors, tantôt au-dedans. Il a bien ses vues, et ce sont des vues de miséricorde : s'il nous laissoit tranquilles ici bas, nous nous y établirions, nous ne songerions point au Ciel ; et, lorsque pourtant il faudroit partir, nous regretterions la terre. Cet état même, dont nous nous plaignons, est propre à nous détacher de ce monde et à nous élever vers le Ciel : c'est là que nous serons tout à Dieu, sans peine, sans travail, sans contention d'esprit, sans tiédeur ; plus

de corps qui nous affaisse , plus de besoins qui nous occupent , plus de peines
qui nous distraient ; point de sommeil ,
point de maladies , point de froid, point
de chaud , point de faim, point de gênes,
point de souffrances. Soutenons donc nos
miseres avec courage , avec patience,
avec résignation en vue de cette bienheu-
reuse éternité. Secouons de nos foiblesses
le plus que nous pourrons, mais ne nous
décourageons point pour ce qui nous en
reste. Si nous ne courons pas, si nous ne
volons pas , du moins traînons-nous toujours vers le Ciel.

Il faut se faire tout à tous , comme dit
l'Apôtre , rire avec ceux qui rient, pleurer avec ceux qui pleurent , être malade
avec ceux qui le sont; mais il faut néanmoins tenir son cœur dans la dépendance
de Dieu seul , et ne jamais le tirer de ce
centre de notre repos.

C'est la science des saints , et elle consiste toute à n'aimer que Dieu, à n'estimer
que Dieu. Puisse notre amour pour lui
s'accroître de plus en plus, et remplir
tellement toutes nos facultés qu'immuable

L 5

comme son appui, la paix de notre ame soit à toute épreuve, et ne reçoive plus aucune altération dans les vicissitudes des objets qui nous environnent et qui ne sont que des ombres sans réalité.

Lorsqu'il plaît à Dieu de nous envoyer des croix, il faut adorer l'usage qu'il fait de son souverain domaine, nous savons qu'il n'en use que dans sa miséricorde, qu'il n'en use que pour notre bien ; que c'est par les épreuves et les contradictions qu'il a conduit tous les Saints, et le premier de tous, Jesus-Christ son fils bien-aimé, notre Sauveur, notre modéle, notre divin époux, et nous n'embrasserions pas notre croix avec des transports d'amour, de joie et de reconnoissance ! et nous nous plaindrions de n'être pas plus privilégiés que J. C. !

Il est difficile, en effet, qu'à la vue d'une croix qui s'avance, le premier mouvement ne soit de tristesse et d'affliction ; la nature est si prompte à se révolter contre ce qui lui répugne, et la raison si lente à venir à son secours ; mais au moins le second mouvement, le mou-

vement de la réflexion doit être tout d'al-
légresse et de joie.

Laissons faire Dieu, et ne nous oc-
cupons que de le suivre ; il nous con-
duira bien ; c'est le premier principe de
l'imitation de Jesus-Christ. *Qui sequitur
me non ambulat in tenebris.* A la suite de
J. C., point de ténèbres ; elles ne sur-
viennent que lorsque, loin de le suivre,
nous prétendons le mener ; alors, n'ayant
pas de lumiere devant nous, et nous
écartant d'elle à chaque pas que nous faisons, nous tombons dans une nuit profonde, où nous nous égarons de plus en
plus. Tout ce que Dieu voudra, quand
il voudra, comme il voudra : telle doit
être notre constante disposition ; et c'est
là cette simplicité chrétienne qu'il faut
nous proposer de méditer.

Confions-nous en Dieu, il nous fournira tout ce dont nous aurons besoin :
c'est lui seul qu'il seroit déplorable de
perdre ; rien ne pourroit nous dédommager de cette perte. Rien, rien au
monde ne seroit capable de le remplacer ;
c'est donc sur lui seul que nous devons

L 6

arrêter nos regards; qu'il nous reste, et
que toutes les créatures s'évanouissent
devant nous, rien ne nous manquera. Ce
n'est que dans le Ciel que nous sentirons
bien cette vérité ; il faut pourtant, dès
cette vie, la goûter, la méditer, nous
en nourrir, et nous en convaincre de
plus en plus.

Dieu seul, notre bien, notre tout; c'est
avec cette pensée qu'il faut s'approcher
de la Sainte Eucharistie et exciter notre
foi, en nous la développant à nous-
mêmes par une vive considération de
tout ce que renferme ce grand mystere.

Si tout-à-coup Jesus-Christ, levant le
voile qui le cache à nos yeux, nous ap-
paroissoit sous les traits de bonté, de
beauté, de majesté et de gloire qu'il prit
sur le Thabor, et qui sont son état naturel; si la Divinité, sortant du nuage
qui la couvre, se communiquoit face à
face à notre esprit, de cette maniere
ineffable qui fait tout le bonheur des
Saints dans le Ciel, certainement toutes
les glaces de notre cœur seroient fondues
sur-le-champ; nous serions, à l'instant,

embrasés de l'amour le plus pur, le plus vif, le plus universel pour cet aimable objet ; toutes nos autres affections, tous nos attachemens, toutes nos miseres disparoîtroient en un clin-d'œil : nous ne verrions que Dieu, nous ne penserions qu'à Dieu, nous ne respirerions que Dieu.

Que manque-t-il donc à la Sainte Eucharistie pour opérer en nous cet heureux effet ? Toute la réalité de la cause qui l'opéreroit s'y trouve, nous le savons, nous le croyons; un voile, un léger voile le couvre : est-il possible qu'un voile si délié puisse arrêter son efficacité ! et notre foi, ne percera-t-elle pas ce voile ? Prions Dieu qu'il augmente de plus en plus notre foi ; il ne faut que cela pour nous faire jouir sans mesure du don inestimable que Jesus-Christ nous a préparé dans la Sainte Eucharistie.

LETTRES DE MAD. LOUISE.

A M. l'Abbé B E R T I N, Supérieur des Carmélites de St.-Denis.

J. M.   Ce 5 Août 1770.

JE tâche, Monsieur, de me mettre au fait de tout ce qui concerne mon emploi depuis que je suis en troisieme à la Sacristie, et je vois qu'en cela vous m'approuvez. On nous a apporté à notre office tout ce qui étoit dans l'Eglise du dehors, qu'on a démeublée. Ce ne sont que des horreurs. Les tableaux, qui sont tout déchirés et ressemblent à des enseignes de cabarets à biere, seront sûrement compris dans les réparations à faire dans notre Eglise. Quant aux rideaux des fenêtres, ou à ceux qui voilent les tableaux, il y en a de cramoisis, c'est-à-dire, qui l'ont été; il y en a de serge verte mangés de vermine, il y en a d'indienne, il y en a de toile à torchons. Nous désirerions que vous envoyassiez un tapissier prendre les mesures; que les rideaux des fenêtres

fussent de toile blanche et ceux des tableaux, cramoisis, tels que ceux que j'ai
vus à l'Eglise des Carmélites de Compiegne. Comme ce sont mes sœurs et
moi qui donnâmes ceux des tableaux, et
une Dame de la Cour ceux des fenêtres,
je sais que ce ne sera pas une dépense
considérable à comprendre dans celle de
l'arrangement de l'Eglise, dont le Roi
vous a laissé maître. Nous sommes très-
pressées ; car il faut que tout soit fini
pour le jour de ma prise d'habit qui,
graces à Dieu, est de demain en cinq
semaines. Je crois que vous êtes bien
bien persuadé, mon Pere, de tous les
sentimens que je vous ai voués.

Sœur THÉRESE-DE-ST.-AUG. S. I.

P. S. Le Roi vient mardi entendre la
messe ; vous devriez bien venir ici la veille.

Au même.

J. M.   Ce 24 Octobre 1770.

Vous vous trompez, mon Pere, si
vous croyez passer tout le voyage (de
Fontainebleau) sans entendre parler de

moi. Je vous dirai pour premieres nouvelles que je porte la tunique, que je ne
m'en apercois point ; que dès le premier
jour, je n'ai pas perdu une minute de
mon sommeil, et que ma santé est toujours très-bonne.

On travaille ici à force pour achever
les réparations que vous avez arrêtées ;
mais il y en a une qui me paroît bien es-
sentielle, c'est de faire faire la cheminée
dans le grand parloir pour le retour de
mes sœurs, car leurs Dames geleroient
de froid. Mais, j'ai beau parler cheminée, on me répond qu'il n'y a point
d'ordre ; et, si vous n'ordonnez pas, on
ne fera rien. Voilà que la messe sonne :
adieu, mon Pere.

Sœur THÉRESE-DE-ST.-AUG. R. C. I.

Au même.

J. M.   Ce 2 Septembre 1777.

Vous imaginez aisément, mon Pere,
la joie que votre lettre nous a causée à
toutes. Les bontés du Roi me pénétrent :
je l'en remercierai, dès que j'aurai reçu

le *bon* qu'il m'envoie. Je vous prie, mon Pere, de dire au Ministre des Finances combien je suis touchée de la maniere prompte et gracieuse dont il a terminé cette affaire, et que, si je n'étois dans ma retraite de profession, je l'en remercierois d'abord. Enfin, mon Pere, voici donc les Carmélites de St.-Denis tirées, par les bontés du Roi, de la misere où elles étoient réduites. Que de prieres on va faire pour lui, si tant est qu'on puisse ajouter à celles qui s'y font déjà; car je puis vous assurer qu'il ne se fait ici, ni prieres, ni bonnes œuvres auxquelles le Roi n'ait part; et ce n'est pas seulement depuis que je suis ici : j'ai trouvé tout cela établi.

Je suis en retraite d'hier au soir. Le Bon-Dieu récompense de bonne heure le sacrifice que je me prépare à lui faire. Mais j'espere qu'il ne bornera pas ses dons à la graisse de la terre, et qu'il y joindra la rosée du Ciel; sur-tout, mon Pere, si vous voulez bien unir vos prieres aux miennes. Je vous en supplie, comme aussi d'être bien convaincu de tous les sentimens du plus tendre attachement qu'a pour vous votre fille ,

Sœur THÉRESE DE ST.-AUG. R. C. I.

Au même.

J. M.   Le 9 Octobre 1771.

CETTE lettre , mon Pere , vous sera remise par l'Abbé de Soutlanges. Je vous en annonce une de ma sœur Julie , qui n'est pas contente de vous , sauf le respect qu'elle vous doit , parce qu'il y a un an que vous ne l'avez vue. Moi , de mon côté , je suis très-mécontente de notre Mere , qui m'installa avant-hier maîtresse des novices. Je ne puis vous dire l'embarras dans lequel je me suis trouvée hier , entourée de dix novices , à genoux , pour écouter l'instruction que j'allois leur faire sur la communion. J'ai cru que je ne proférerois pas une parole .

L'Abbé de Soutlanges , en vous portant nos lettres , se charge de vous *ordonner* de répondre à toutes , sous peine d'*inobédience* à vos filles , et pourtant aussi de vous assurer qu'aucune ne vous est plus sincérement attachée que la sœur,

THÉRÈSE-DE-ST.-AUGUSTIN. R. C. I.

Au même.

J. M. Ce 26 Octobre 1771.

COMME maîtresse des novices, mon Pere, je dois vous mander que ma chere camarade (celle qui étoit entrée au couvent le même jour que Madame Louise) fera ses vœux de demain en huit. Elle attendra vos ordres pour prendre le voile noir ; espérant que vous voudrez bien le lui donner vous-même, et fixer le jour. J'aurois cent choses à vous dire, qu'il seroit trop long d'écrire.

Voulez-vous bien, mon Pere, recevoir les assurances de respect de tout mon petit troupeau ? J'en suis très-contente, et souhaite qu'il le soit autant de moi. Je dois lui paroître un peu sévere après ma *prédécesserice ;* mais je tâche de n'y mettre que de la fermeté, ce qui est un peu difficile à une *Capet.* Bon soir, mon

Pere. Portez-vous donc mieux, et venez nous voir.

Sœur THÉRESE-DE-ST.-AUG. R. C. I.

Au même.

J. M. Ce 4 Novembre 1771.

EST-CE que vous prétendez, mon Pere, être les trois semaines de la petite vérole de Mad. de Mellet sans nous venir voir ? Pour moi, je compte bien voir, sous quinze jours, la comtesse de P*** en personne, et de l'aveu de ma famille ; par où vous voyez que je ne crains pas que vous nous apportiez la petite vérole. Ne voyez pas les poltrones, à la bonne heure, et remettez la cérémonie de ma sœur Marie-Adélaïde au 24 ou 25, ce sera bien fait. Quand cette maladie a été dans ma famille, nous avons toujours vu les gardes malades, et vous pouvez vous rappeler que, quatre jours après la mort de la pauvre Madame de Soutlanges, j'ai vu son oncle, de l'aveu du Roi. Je suis fort aise que Mad. de Mellet ait mieux fait que la Reine à ma naissance. On dit que le petit a déjà la petite vérole. Adieu, mon Pere, je cours à la récréation ; mais ce ne sera pourtant pas sans vous avoir demandé votre bénédiction.

Sœur THÉRÈSE-DE-ST.-AUG. R. C. I.

Au même.

J. M. Ce 19 Juillet 1772.

J'AI reçu réponse du Roi, mon Pere, qui m'a mandé que nous aurions nos vingt-cinq mille livres de rente en blé. Notre mere me charge de vous dire que la mere Eléonore est très-bien ; il faut avouer que toute autre ne s'en seroit pas si bien tirée. Il ne faut cependant pas encore chanter victoire ; ses anciens maux subsistent toujours. Le P. Lucien, Procureur des Carmes de Paris, est entré à Charenton, et persévere avec grande ferveur. Adieu, mon Pere ; personne ne vous est plus attaché que votre fille,

Sœur THÉRÈSE-DE-ST.-AUG. R. C. I.

Au même.

J. M.   Ce 23 Juillet 1772.

JE reçois, mon Pere, votre lettre du 21 , qui m'a fait grand plaisir. Le Roi m'a écrit hier , et me mande qu'il a chargé le Contrôleur-général de terminer notre affaire avec vous. J'ai toute confiance que tout ira bien , puisque c'est à vous qu'on renvoie l'affaire : mais tenez bon pour la quantité convenue de blé-froment ; nous voulons bien en courir les risques.

Je sors d'avec Gingot. Nous avons examiné l'escalier. Nous avons de belles actions de grace à rendre à Dieu. Outre les poutres qui avoient pris feu l'année. derniere à la buanderie, trois autres étoient vermoulues à l'étage supérieur, et le mur de la cheminée sur lequel est appuyé cet escalier , calciné de façon qu'il n'a plus que quatre doigts d'épaisseur. Cela fait trembler à voir. Guingot m'a dit que sa dépense iroit à quatorze cents livres, et promis qu'elle ne passeroit pas. La rampe

de l'escalier sera de bois. Il n'y a que
pour celui qui est destiné au Roi que des
Carmélités puissent se permettre des
rampes de fer. Je vous envoie cette lettre
par le courrier du Roi, afin que vous
l'ayez plutôt. Il arrivera demain matin à
Compiegne, et en repartira à midi et
demi. Je vous prie de me répondre à cet
article, et ensuite sur une grace que j'ai
à vous demander. Vous vous rappelez
qu'en vous parlant dortoirs, je vous ai
proposé, à l'insçu de notre Mere, de
faire faire pour elle une petite chambre
vis-à-vis l'oratoire du Sacré-Cœur, où
elle pût recevoir les Novices, et se trouver à portée du chœur lorsqu'elle est malade ; et que vous y avez consenti. Je
joins ici le devis ; et, quoique la dépositaire craigne d'augmenter la dépense,
et que notre Mere dise qu'elle n'a pas
besoin de cet arrangement, qui pourtant
lui seroit si utile, j'espere que vous ne
tiendrez pas à une si petite somme, qui
achevera le dortoir pour jamais. Adieu,
mon Pere ; n'oubliez pas dans vos prieres

Sœur THÉRÈSE-DE-ST.-AUG. R. C. I.

Au même.

J. M.   Ce 25 Juillet 1772.

JE vous envoie, mon très-honoré Pere, copie de ma lettre au Roi, que l'on me transcrit en ce moment, pour ne pas perdre un seul instant, parce qu'il est neuf heures, et qu'on attend pour fermer le tour du couvent. Vous recevrez celle-ci demain à midi. Je ne voudrois pas être le courrier qui vous la portera, par la raison qu'il aura sûrement du tonnerre en route, mais bien cependant parce que je serois à portée de vous réitérer de vive voix toutes les assurances de mon sincere attachement.

Je crois, mon Pere, que c'est le moment de votre audience du Roi, sans attendre que vous ayiez vu le Contrôleur-général, ni que vous m'ayiez communiqué vos mémoires. Je m'en fie bien à vous. Pour ce qui est du jour, il est inutile que j'en parle ; c'est à vous à le faire demander au Roi ; soit par le premier Gentilhomme de la chambre, soit par le valet de chambre. Cela est très-permis.

Si

Si les mémoires n'étoient pas prêts, faites
y passer le jour et la nuit. Vous me direz
que je suis bien vive ; mais le temps
presse , parce que je sens le Roi dans
l'inquiétude de savoir ce qu'il fera pour
moi et pour les gens que je laisse. Adieu,
mon Pere.

, *Sœur* THÉRESE-DE-ST.-AUG. R. C. I.

Au même.

J. M.   Ce 1.er Août 1772.

MON Pere , après le départ de la lettre
que vous devez recevoir par le courrier
du Roi, je reçois la vôtre du 31 du passé.
Je suis ravie et comblée des bontés du
Roi. Je reconnois bien là toute la tendresse de ce pere incomparable ; car,
quelque chose qu'il eût faite , c'étoit toujours une grande grace qu'il accordoit à
cette Maison.

Il n'est pas douteux que nous n'ac-
ceptions cette exemption de toutes charges , à laquelle souscrit M. le Cardinal,
parce qu'il croit que telle est l'intention
du Roi. Nous vous prions même de vou-

Tome II.   M

loir bien, en remerciant M. le Contrôleur-général du zele qu'il a apporté à
cette affaire, lui demander, de ma part,
qu'en rédigeant l'acte de dotation, il ait
soin d'insérer, suivant les nouveaux
ordres du Roi, cette clause d'*exemption
de toutes charges et décimes imposés
et à imposer.* Vous sentez, mon Pere,
l'importance de la chose; et il est si essentiel que la décision du Roi, qui doit faire
le titre de notre Maison à perpétuité, ne
laisse rien à désirer, que nous demandons que la minute finale nous soit communiquée avant la clôture de l'acte, afin
que nous puissions nous consulter, et
nous assurer qu'il 'ne s'y trouve aucune
omission préjudiciable à l'intérêt de la
Maison.

Je suis fort aise de ce que vous me
marquez sur ce projet de garder notre
blé dans des greniers; je ne trouve
pas non plus que cela soit convenable
pour une Maison religieuse. Je n'en ai
rien caché à notre Mere, car je lui ai
fait lire votre lettre toute entiere, et
je compte bien la garder, pour le cas où

l'envie des greniers reprendroit d'ici à
quelques années. Adieu , mon Pere ; je
vois approcher la fin du voyage avec bien
du plaisir. J'espere que vous précéderez
le Roi de quelques jours , que vous les
passerez ici, et que vous verrez nos bâtimens finis.

Sœur THÉRESE-DE-ST.-AUG. R. C. I.

Au même.

J. M.   Ce 23 Août 1772.

VOUS trouverez ci-joint , mon Pere
le modele du brevet du Roi, tel qu'il faut
qu'il soit. Il étoit très-essentiel de mettre
le terme *perpétuelle* , de nommer l'Abbaye *de St.-Germain-des-Prés*, et d'ajouter *quitte de toutes charges , redevances ,
etc. , soit envers ladite abbaye , ou envers
le clergé , etc.* , comme vous le verrez
énoncé. Ce sont gens experts et connois-
seurs dans ces sortes d'affaires , qui nous
ont donné cet avis ; et, pour vous le
dire , c'est Vulpian lui-même , l'avocat
de M. le Cardinal.

M 2

Soyez tranquille, mon Pere, sur mon rhume qui n'est rien, qui ne sera rien. Il vient bien de chaud ; mais du chaud de la saison, et non pas d'échauffement. J'ai suggéré à notre dépositaire des moyens d'économie qu'elle a fort bien reçus. Adieu, mon Pere. Laval attend ma lettre.

Sœur THÉRESE DE ST.-AUG. R. C. I.

Au même.

J. M. Ce 26 Décembre 1772.

TOUTE autre que votre fille Thérese-de-St.-Augustin, mon Pere, seroit bien embarrassée de vous produire un remercîment, y ayant si long-temps que j'aurois dû vous le faire, pour le superbe et charmant crucifix que vous nous avez envoyé ; mais je suis si accoutumée à votre condescendance pour moi, qu'avec pleine confiance, et *tout bellement*, comme dit S. François de Sales, je viens vous dire qu'il m'a fait le plus grand plaisir, et que je le trouve si beau, qu'il ne sera pas dans notre cellule, mais dans

notre hermitage, exposé à la vénération de
nos Sœurs, dont les prieres serviront de
passe-port aux miennes. — Je vous prie,
mon Pere, de venir nous voir un jour
de cette octave ; passé l'octave, cela ne
seroit plus si bon. Une autre grace que
j'ai à vous demander, mais qui me tient
bien au cœur, c'est de ne plus m'écrire
avec du *respect* ; ce respect me désole,
et vous ne sauriez croire combien il me
fait de peine. Je vous prie de me traiter,
non en fille de Roi, mais comme votre
fille : ce titre m'est bien plus doux que
le premier.

Sœur THÉRÈSE-DE-ST.-AUG. R. C. I. *de*
la famille spirituelle de M. l'Abbé Bertin.

Au même.

J. M.   Ce 3 Janvier 1773.

Vos Conseils d'état, mon Pere, sont
insupportables. Que n'en mettez-vous
quelques-uns de côté, comme bien d'autres de vos confreres, pour venir vous
réjouir avec vos enfans sur la naissance

M 3

du Messie ; le Roi le sauroit , qu'assurément il ne le trouveroit pas mauvais.
La pauvre Raphaël se meurt de ne pas
achever son sacrifice. Nous voici déjà au
mois de Janvier; un peu de retard encore,
le carême nous prendra , et puis Dieu
sait où cela ira ; car il faut compter sur
les difficultés de la Mere.

Nous avons un Carme de plus à Charenton ; c'est un jeune Novice , profès
de Paris. Notre colonie augmente : ils
sont dix à présent, et le nombre en seroit
bien plus considérable, si le pere Hilaire
vouloit recevoir tous ceux qui se présentent ; mais il a raison d'user de discrétion et de bien choisir. Adieu, mon
Pere ; ne doutez jamais de mon sincere
attachement.

Sœur THÉRESE-DE-ST.-AUG. R. C. I.

Au même.

J. M.   Ce 6 Décembre 1773.

JE comptois , mon Pere , attendre ,
pour vous écrire , la visite de M. de

Sartines , dont je vous aurois rendu
compte ; mais il y a une autre affaire
qui me presse , et vous serez importuné
deux fois de votre fille. C'est au sujet du
bon Evêque d'Amiens , qui vend sa chapelle (pour les pauvres). La chappe est
très-belle , et vaut bien , à elle seule ,
quinze cents livres. Le fond de la chasuble est un peu passé ; mais , en trans-
portant la broderie sur un velours cou-
leur de feu , cela fera un très-bel effet ;
cette translation , au reste , n'a rien de
pressé , quoique nous n'ayions qu'une
assez belle chasuble en rouge. M. Seigneur
a dit à M. Consolin , que non-seulement
vous consentiez à l'achat , mais que vous
le trouviez convenable , tant à cause des
grandes obligations que nous avons à
l'Evêque d'Amiens qui vend , qu'à raison
du motif qui le porte à vendre. L'affaire
ayant passé par vos mains , nous avons
délivré l'argent. On nous offre aussi de
prendre , et au poids seulement , l'argen-
terie , qui consiste en un calice , les bu-
rettes et le bassin , l'aiguiere et sa jatte ,
avec une crosse, le tout , je crois en ver-

meil. Ce seroit un bon marché, et une
occasion unique ; mais nous ne ferons
rien sans votre approbation. Le saint
Evêque me mande qu'en effet il vend sa
chapelle, mais que c'est plutôt un soula-
ment pour lui, qu'une peine ; parce que,
n'officiant plus, elle lui devenoit inutile,
son successeur étant muni de tout. On ne
peut voir une belle action faite avec plus
de grace et de vertu. J'en ai appris une
autre du même genre. Il s'est aussi déterminé à vendre sa bibliotheque qu'il aimoit
par-dessus tout ; la Ville d'Amiens, l'ayant
su, l'a achetée pour participér à la bonne
œuvre, et veut la lui laisser sa vie durant.

Adieu, mon saint Pere. Je vous dirai
que le cœur me bat déjà terriblement du
chapitre que j'ai à tenir Dimanche prochain, et de l'intention de la sainte Communion qu'il faut que j'indique à toute la
Communauté assemblée à l'avant-chœur.
Priez Dieu pour votre fille aînée, mon
Pere ; elle est bien embarrassée de sa nouvelle dignité. Mais ce qui la soutient,
c'est qu'elle prend tout cela en esprit de
pénitence : c'est son unique remede et sa

consolation. Celá, j'espere, suppléera un peu à cé qu'elle ne fait pas d'ailleurs.

Sœur THÉRÈSE-DE-ST.-AUG. R. C. I.

Au même.

J. M.   Cə 3o Avril 1774.

JE vous remercie, mon Pere, des nouvelles que vous me mandez de l'état actuel du Roi. Mais l'arrivée du Confesseur ne suffit pas, il faut qu'il le voie. Nous ferons de grand cœur la communion que vous nous proposez le jour de Ste-Marie-Egyptienne, et j'ai à vous soumettre de plus l'engagement que nous voudrions prendre, dans cette circonstance, de payer trois mille livres pour une dot dans une de nos pauvres maisons. Je me porte bien; mais je ne vis pas, comme vous pouvez l'imaginer. Adieu, mon Pere; prions, et prions sans cesse.

Sœur THÉRÈSE-DE-ST.-AUG. R. C. I.

Au même.

J. M.

CE {, jour de Ste. Monique, mere de St. Augustin mon patron. Demain est

M 5

le jour de sa conversion; et j'espere que
je me verrai, sous ce rapport, la fille
d'un autre Augustin. Je suis ravie, en
considérant que ce qui peut assurer mon
bonheur ne dépend que de la miséricorde
de Dieu, et elle est inépuisable ; au lieu
que ce retour à Dieu, dont vous me parlez, dépendoit tout à la fois de Dieu et
du Roi. Adieu, mon Pere ; vous jugez
de tous les sentimens qui affectent mon
cœur.

Sœur Therese-de-St.-Aug. R. C. I.

J. M.　Ce 7 Mai 1774.

Ah ! mon Pere, mon Pere ! le Ciel a
donc exaucé nos vœux. Quel bonheur !
Ce que vous me mandez des dispositions
du Roi, ne m'étonne point ; j'ai la
confiance que nous le conserverons encore, et parfait chrétien. Ma joie est
complette, depuis que le bon Dieu est
possesseur du cœur de mon pauvre pere.
— Quelle consolation dans cette affli-
geante situation ! Le bon Dieu est le
maître ; je suis préparée à tout. Quelque

chose qui arrive , je ne veux pas revenir
sur le sacrifice que je lui ai fait. Je ne
désespere pas , je ne désespérerai jamais
en rien des miséricordes de Dieu; mais
le *fiat voluntas* par-dessus tout.

J. M.   Ce 9, à 9 heures.

JE ne sais pas si j'existe , mon Pere.
Les nouvelles de ce matin sont acca-
blantes ! Je n'ai pas la force de vous en
dire davantage. Priez bien le Seigneur
que je porte cette croix comme il veut
que je la porte , résignée à sa sainte
volonté.

Sœur THERESE-DE-ST.-AUG. R. C. I.

J. M.   Ce 16 Mai 1774.

C'EST demain , mon Pere, le premier grand service. J'espere que vous ne
manquerez pas de venir coucher ici ce
soir ; car ce seroit un peu tard que de
n'arriver que demain. Adélaïde a eu
quelque ressentiment de sa colique hier

M 6

le soir ; elle devoit venir aujourd'hui ou
demain , mais je pense que cette indisposition retardera son voyage. Je n'ose vous
avouer que je l'espere : ces entrevues me
désolent. Je voudrois rester tranquille
dans mon coin , n'entendre jamais parler
de personne , et qu'on m'oubliât aussi.
Pour comble , mes neveux désirent de
venir, j'ignore quand ; si je puis le savoir,
je vous en préviendrai , afin que vous
puissiez vous y trouver. Je n'avois hier
ni force , ni courage ; c'étoit l'orage. Je
suis mieux aujourd'hui. Ce n'est pas que
mon courage soit brillant , mais je me
sens plus forte ; et , quelle que soit ma
douleur , la volonté de Dieu sera ma
regle. Adieu , mon Père.

Sœur THÉRÈSE-DE-ST.-AUG. R. C. I.

JE vous envoie notre lettre circulaire.
J'y joins mon jugement ostensible , qui
est qu'on n'y ment que sur moi , qui
suis bien loin d'avoir du courage.

J. M. Ce 18 Mai 1774;

MON neveu (Louis XVI) vient de me mander qu'il a séparé Victoire avant de partir ; qu'elle est au grand château : c'est toujours quelque chose. Lui-même est arrivé à la Muette. J'ai prié la Reine de venir demain, ou d'envoyer la comtesse de Provence, parce qu'il y auroit bien des mesures à prendre pour Victoire, si l'une des deux autres venoit à mourir. *Fiat voluntas ;* il n'y a que cela qui soutienne.

Je continue à ne recevoir personne. Je fais dire que je ne puis voir que ma famille ; que j'ai renvoyé le Chancelier et M. de la Vrillière. Adieu, mon Pere.

Sœur THÉRESE-DE-ST.-AUG. R. C. L

J. M. Ce 6 Juin 1774.

MA sœur Eugénie a fait profession mercredi. J'ai cru qu'elle ne prononceroit pas ses vœux : elle étouffoit de joie. J'ai pris un rhume de cerveau à sa profession ; mais les larmes que j'ai répandues

hier pendant la pompe funebre qui se fit
dans notre voisinage, ont opéré ma guéri-
son : c'est un cruel remede. Je vous avoue
que j'ai plus souffert que la nuit qu'on le
conduisit ici ; alors j'étois plus accablée ;
mais hier je sentois plus ma douleur. Nous
avons achevé hier nos quarante services,
Aujourd'hui, nous faisons celui qui a été
ordonné par MM. les Visiteurs.

J'ai vu le Roi ; il n'a que deux marques
de petite vérole sur le visage ; Monsieur
et le Comte encore moins : ils seront fort
heureux, s'ils peuvent se persuader que
cela les préservera. Mes yeux m'ont plus
convaincue que jamais, que les marques
qui restent de l'inoculation n'ont pas la
même forme que celles qui résultent de la
petite vérole naturelle ; c'est ce que j'ai
toujours observé. Je vous avoüe , mon
Pere , toute ma foiblesse ; je ne m'accoutume pas à ne voir que cette petite famille : mais cela me fait de plus en plus
sentir mon bonheur, même humainement
parlant, d'être sortie de ce pays-là avant
le Roi.

L'oraison funebre étoit très-belle ; mais

elle ne plaira pas à tout le monde. La
division étoit : « Je louerai le Roi, sans
» offenser la vérité ; je dirai la vérité,
» sans offenser la mémoire du Roi. » Il
a parlé de tout, de la société des Jésuites, de l'ébranlement causé à la religion par les incrédules, de la cabale op-
posée à ce qu'il reçut les Sacremens. Il l'a
loué sans adulation ; il a fait pleurer sur
mes sœurs et sur la Carmélite : c'est le
témoignage que m'en a rendu M. l'Evêque
de Senlis. Adieu, mon Pere.

Sœur THÉRESE-DE-ST. AUG. R. C. I.

J. M.   Ce 24 Août 1774.

POINT de confusion, je vous prie, mon
Pere, dans nos idées. Il faut nous dire
bonnement, et en détail, comment vous
vous trouvez ; il n'y a pas de nouvelles plus
intéressantes pour nous. Je pense aussi
qu'on juge mieux de la souffrance, après
qu'elle est passée. Cela m'est arrivé il
n'y a pas long-temps. Ce n'est pas dans la
violence du mal, qu'on peut juger du
point où il est, soit à cause de l'accable-

ment, ou parce qu'on ramasse alors tout son courage.

J'ai lu l'oraison funebre de M. de Sénez, qui est fort belle, et sur-tout bien touchante. Mais il ne dit rien de trop.

J'ai vu notre saint Archevêque, qui se porte à ravir. Nous devons bien en rendre graces à Dieu.

J'ai mandé, mot pour mot, votre réponse négative à la mere prieure de Compiegne. Mais je pense qu'elle pourra bien, malgré cela, aller en avant ; pourvu, dit-elle, qu'elle vous voie pendant les voyages de la cour et au temps des élections, elle sera contente : elle meurt d'envie de voir son monastere sous votre direction, et elle a bien raison.

Je ne sais pas, mon pere, quand cette lettre finira ; mais voilà trois jours qu'elle est commencée. Je répondrai à madame Smith selon que vous me le marquez. Vous prétendez que je parle bien cavalierement de ma santé : mais que voulez-vous que j'en dise, lorsqu'elle est

meilleure qu'elle n'a jamais été depuis
que j'ai le malheur d'être prieure ? Il
n'y a que le cœur qui soit toujours malade. Mais le seul remede à cela est dans
la soumission à là volonté de Dieu.

Je pense , mon Pere , que vous ne
nous oubliez pas dans vos montagnes ,
et que vous ne doutez pas de la sincé-
rité des vœux que font pour vous toutes
vos filles par l'entremise de S. Augustin.
Mais , à la tête de toutes , je le dispute ,
à toutes et à chacune en particulier.

Sœur THÉRÈSE-DE-ST.-AUG. R. C. I.

J. M.   Ce 2 octobre 1774.

ME permettrez-vous de vous le dire ,
mon Pere , je crois que vous n'accordez
pas assez aux mouvemens naturels de
votre douleur. Elle est si juste que la
contrainte que vous lui opposez augmen-
tera l'état de foiblesse où vous vous trouvez. J'ai malheureusement la pratique
de la maniere dont il faut se conduire en
pareille circonstance. Quelque sujet d'affliction que j'aie eu , ma santé n'en a

jamais souffert à un certain point, parce
que je n'ai pas forcé la nature , comme
vous en avez été témoin. Le bon Dieu ,
qui nous afflige , ne veut pas nous tuer.
Laissons donc couler nos larmes , sans
avoir pour nous-mêmes une sévérité que
Dieu n'a pas. Vous nous prêchez très-
bien dans votre lettre. Mais la morale ,
j'ose le dire , en est trop austere. Le bon
Dieu ne nous a pas créés pour être indif-
férens. Les sacrifices même ne seroient
plus sacrifices , si nous ne les sentions
pas , et il ne faut pas refuser à Dieu de
souffrir ce qu'il veut que nous souffrions.
Mais en vérité , mon Pere , les consolations que vous offre la sainte vie de ce
cher frere , sont bien capables d'adoucir
l'amertume du sacrifice. Il est allé nous
attendre où nous désirons d'aller ; mais
où nous ne devons aller que quand il
plaira à Dieu , sans vouloir hâter ses
momens par un courage au-dessus de
nature. Sur toutes choses ne vous livrez
pas à une diette trop sévere , elle ôte au
corps la force de pâtir. Je ne l'ai jamais
vue réussir en pareil cas. L'on n'a pas

d'appétit ; mais il faut pourtant se sou‑
tenir. Tous ces rafraîchissans , ces bois‑
sons , ces liquides ne valent rien ; il faut
un peu se fortifier ; l'esprit suit le corps.
Je n'oublierai pas qu'à la mort de mon
frere , les médecins ne vouloient pas ,
dans l'accablement où nous étions , nous
laisser manger. Pour moi, il n'y eut qu'à
force de rapprocher les bouillons qu'on
nous permettoit , que je pus y résister.
Mais depuis , en ces sortes de circons‑
tances , j'ai mangé , et ce n'a été que
par-là que mon corps a pu supporter ce
que mon cœur lui faisoit souffrir. Je
vous demande pardon et de mon sermon
et de mon ordonnance de médecine ;
mais je suis bien occupée de votre état.
Je m'acquitterai de vos commissions pour
la mere St.-Alexis et pour vos filles.
Nous unirons bien , je vous assure , nos
prieres aux vôtres.

Adélaïde devoit venir aujourd'hui pour
vêpres , avec mes sœurs , et j'ai appris
ce soir qu'elle s'étoit trouvée mal ce ma‑
tin après avoir communié. Personne ne
m'a écrit , et je suis d'autant plus in‑

quiette qu'elle n'est pas sujette à ces ac-
cidens. Ne me répondez pas, mon Pere,
faites-moi seulement dire de vos nouvelles.

Sœur THÉRESE-DE-ST.-AUG. R. C. L.

· J. M.   Ce 24 Février 1775.

J'AI une kyrielle de choses à vous
dire, mon Pere, que je crains d'oublier.
1.° Je suis fort aise de l'élection d'un
pape. 2.° Madame Bertin m'a fait promettre, par l'abbé de Soutlanges, qu'elle
viendroit lundi. Je crains que la mort de
l'archevêque d'Arles ne l'en empêche; et
nous sommes à la veille du carême qui
ferme les parloirs. 3.° Je suis fort aise
que vous vous soyiez mieux trouvé de
votre seconde sortie que de la premiere.
4.° J'espere que si vous avez à retran-
cher quelque fatigue de vos occupations,
ce ne sera pas celle de faire paître vos
brebis du Mont-Carmel. 5.° Notre petite
Amable est partie ce matin, bien reconnoissante, bien touchée de nous quitter.
Elle m'a demandé la permission de s'ap-

peler Louise-Marie. 6.º La mere Saint-Alexis est infiniment mieux, et nous espérons toutes qu'elle pourra faire le carême. 7.º M. Gingot a envoyé ses commis vérifier nos ouvrages : ainsi nous espérons avoir bientôt les mémoires bien en regle, et nous allons payer à force.

L'examen sonne, mon Pere, je n'ai pas encore commencé le mien, et je vais demain à confesse ; c'est pourquoi je vous quitte.

Sœur THÉRESE-DE-ST.-AUG. R. C. I.

J. M. Ce 5 Mai 1775.

JE vous remercie, mon Pere, des nouvelles que vous me mandez et que je suis bien aise de savoir de vous. Mlle de Montfaucon est entrée hier au soir, et nous l'avons nommée *Sœur Thérese-Sophie-de-Sainte-Cécile.* Mais Mlle de Montméa qui l'avoit accompagnée, et que je voulois empêcher de se trouver à la porte, pour lui épargner la peine de la séparation, est aussi entrée malgré moi. Je l'ai tenue un demi-quart

d'heure à la porte pour l'en empêcher ;
je n'ai jamais pu en venir à bout. Quand
elle fut entrée , je ne savois plus qu'en
faire, n'ayant ni cellule ni paillasse à lui
donner. Nous l'avons couchée chez une
sœur du voile blanc. Je vais écrire à sa
mere, lui faire part de ce qui est arrivé ,
et lui dire que sa fille, ici comme à l'En-
fant-Jesus , est à ses ordres. Je crains
que vous ne soyiez fâché de l'aventure ;
mais je vous prie de croire que je n'y ai
nulle part. Madame de Montfaucon et
Mlle de Pujols , qui étoient à la porte ,
ont pensé s'en trouver mal ; et moi je
me suis vue dans le plus grand embarras
du monde. J'espere donc que vous ne me
saurez pas mauvais gré de ce dont je suis
désolée. Adieu, mon Pere.

La mere St.-Alexis vous envoie le
devis de M. Soufflot. Je vous prie de
remarquer que , de huit mille et tant de
cents livres , il est réduit à cinq mille et
quelques cents ; ainsi nous épargnons un
millier d'écus.

Sœur THÉRESE-DE-ST.-AUG. R. C. L.

J. M.   Ce 15 Mai 1775.

JE me sens saisie, mon Pere, du plus
grand scrupule. Vous savez que l'année
dernière je vous parlai de Mad. N., et
que vous me dites de faire venir un mémoire. Eh bien, je le demande; elle me
l'envoie ce mémoire; je l'oublie d'abord;
vient ensuite votre maladie; bref, le
voilà tel que je l'ai reçu. J'y joins ses
lettres qui fendent le cœur, la dernière
sur-tout. Seroit-il possible qu'il n'y eût
pas de moyen de tirer une femme si bien
née de la misere où elle est, ou du moins
de l'en soulager efficacement ? Nous ca-
chons tout cela à la sensibilité de N.

Notre vieille sœur retrouvée, que je
n'appelle plus que *mon Benjamin*, nom
dont elle est ravie, paroît revenir de la
meilleure foi du monde. On voit qu'elle
sent qu'elle a été trompée en tout. Elle
paroît fort touchée et fort reconnoissante
des attentions qu'on a pour elle et de
l'amitié qu'on lui témoigne. Nous croyions
qu'il n'y avoit que sept de nos sœurs

sorties , parce que le procès verbal n'en
portait pas davantage ; notre vieille nous
en a nommé neuf , dont cinq encore en
vie , en comptant *mon Benjamin* ; la
mere Pasquier, qui s'appeloit Catherine
de la Miséricorde , les sœurs Victoire ,
Magdelaine et de l'Incarnation : ces deux
dernieres du voile blanc. La plus jeune a
soixante-dix-sept ans : la mere de la Miséricorde en a quatre-vingts , et a con-
servé toute sa tête, ses yeux, ses oreilles
et ses jambes. N'ayant auprès de moi ni
supérieur ni visiteur, et ne voulant rien
prendre sur moi dans cette affaire , j'en
ai écrit à M. de Brassac et à M. Rigaud,
en même temps qu'à vous. Je vous envoie ma prose sur ce sujet, et bien ma
prose , parce que c'est moi qui l'ai faite
(une formule d'abjuration). Vous me
direz si vous la trouvez bien. J'ai tâché
de faire un récit succinct de ses fautes ,
de son égarement et de son retour. J'aurois pu en dire plus , je ne pouvois en
dire moins. Mais les mots cathégoriques
y sont, *erreur* et *apostasie* ; j'ai évité de
nommer ni *jansénisme* ni *foi.*

II

Il y avoit quinze jours que j'avois mis ma sœur Louise-Marie. seconde infirmiere. Elle a des soins étonnans de cette pauvre vieille. Rien ne paroît lui répugner ni la rebuter; et c'est de la meilleure grace du monde qu'elle lui rend les services les plus dégoûtans. Il faut l'avoir vue comme moi pour le croire. J'ai pensé, mon Père, que vous seriez bien aise de savoir ces détails consolans.

Sœur THÉRESE-DE-ST.-AUG. R. C. I.

J. M.   Ce 7 Octobre 1779.

Ou en sont nos affaires, mon Pere ? M. Micque a eu tous les plans : que dit-il? qu'attend-il? Avez-vous vu M. de Marville ? Je vous renvoie la lettre de la supérieure de l'Annonciade céleste. Les quatre cents francs que nous aurions donnés pour M.lle N. peuvent être appliqués à un autre sujet du choix de ces dames, et, si elles le veulent, à cette sœur converse. Tout ce que j'ai à vous observer, c'est que nous ne pourrons les payer que dans le cours de 1780.

Tome II.   N

Je suis bien touchée de l'attention que
vous faites à ma santé. On ne peut pas
appeler, ce que j'éprouve de temps en
temps, infirmités ; ce ne sont que des
indispositions, que toute autre que moi
porteroit plus courageusement. J'ai consulté M. O-Relly, en qui j'ai beaucoup
plus de confiance qu'en aucun des médecins de la cour, sans en excepter le
mien. M. O-Relly a le coup-d'œil bon,
beaucoup de prudence, et de la fermeté
quand il en faut. Joignez à cela qu'avant
d'être notre médecin il avoit été celui de
nos sœurs de Guingamp en Bretagne. Il
a par conséquent l'expérience pour traiter des Carmélites, remonter aux causes
ordinaires de leurs maladies, et savoir
quels remedes peuvent porter des corps
assujettis à l'austérité. Par-dessus tout,
il a bien de la religion et même de la
piété, en sorte qu'il n'y a pas à se ba-
tailler avec lui, et que quand il ordonne
le gras, c'est que cela est nécessaire ; car
il sait bien dire aussi : *vous pouvez continuer le maigre.* Je vous ai fait son éloge,
voici son ordonnance : saignée samedi,

médecine lundi : ensuite les eaux de
Passy pour me rafraîchir le sang, et l'empêcher de se porter à la tête ; par conséquent le gras, et j'obéis quoique tout
cela me contrarie. Mais je crois que ce
qui me fera plus de bien que tout le
reste, ce sera de n'être plus prieure, et
je vois arriver le mois prochain avec
grand plaisir. Bon soir, mon saint Pere.

Sœur THÉRÈSE-DE-ST.-AUG. R. C. I.

J. M.   Ce 29 Octobre 1779.

J'AI écrit à M. l'Archevêque, mon
Pere, pour lui demander la permission
que Mad. St. Gabriel de l'Hôtel-Dieu
de Paris, vienne voir la mere Eléonore.
Cette religieuse a eu pendant vingt ans
la même maladie qu'elle, et pis encore.
Un M. de la Veroniere du Temple, qui
l'a traitée et guérie, désire qu'elle ait
une conférence avec la mere Eléonore,
soit pour constater la parité de maladie,
soit pour lui expliquer au long la maniere
du traitement. S'il est nécessaire qu'elle
entre, je vous prie de le permettre ; et

N 2

alors vous sentez bien qu'elle voudra tout
voir , et qu'on sera bien aise de lui tout
montrer, jusqu'à notre cellule. Mais je
garderai cette permission secrette , en
cas que je n'en aie pas besoin.

Sœur THÉRESE-DE-ST.-AUG. R. C. I.

J. M.   Ce 8 Mars 1780.

JE vous envoie , ci-joints , les papiers
de Mad. de St.-Maur pour M. de Marville. C'est une si bonne œuvre de venir
au secours des nouveaux-convertis , sur-
tout quand ils ne sont dans le besoin que
pour avoir sacrifié à la foi, que je ne
doute pas qu'il ne lui procure une pension , d'autant plus qu'il ne les donne
pas fortes.

Tout s'est assez bien passé entre les
concurrens pour la bâtisse de notre
église. J'ai usé de la permission que vous
m'aviez donnée de vous mettre tout sur
le dos. J'ai enfin vu M. Micque et son
église qui est jolie. Mais je crois qu'il se
repent de n'avoir pas fait une visite sur
les lieux avant de prendre ses dimen-

sions, parce qu'il aura plusieurs choses
à rectifier pour ce qui concerne le de-
dans. La grille de communion, par
exemple, n'y est pas, et se trouvera à
gauche au lieu que nous l'avions à droite :
ce qui sera égal pour la distance du ta-
bernacle ; mais il raccourcit notre chœur,
de peu à la vérité, mais il étoit déjà si
court. Cependant je suis contente. Pour
ce qui est de la tribune, nous l'avons
renvoyé à Victoire. Il viendra travailler
le lendemain de la Quasimodo, et nous
ne serons obligées de faire notre office
dans nos parloirs et d'y placer le Saint-
Sacrement, qu'autant de temps qu'il en
faudra pour nous arranger un petit chœur
dans notre avant-chœur. M. Micque
a-t-il remis ses plans à M. N. ? Je désire
bien que vous et lui vous chargiez de
toute iniquité vis-à-vis de lui, à cause
de l'abbé du Terney que je voudrois
rendre étranger à cet embarras.

Nos malades vont assez bien leur petit
chemin. Bonsoir, mon Pere, je suis enchantée de pouvoir actuellement garder

le silence. N'étant plus prieure, je serai plus intérieure et moins peinée.

Sœur THÉRESE-DE-ST.-AUG. R. C. I.

J. M.   Ce 16 Avril 1780.

J'AI écrit, mon Pere, à l'abbé de Brassac et non au P. de Maisons, parce que, n'ayant reçu votre lettre que ce matin 16, quoique par un courrier, je pense que j'arriverois trop tard à Rouen. Mais j'ai écrit une lettre toute ostensible, pour qu'elle soit portée à l'abbé de Maisons. Je vous prie de faire tous mes remercîmens à M. de Mautholon, et de l'assurer que je ne l'ai pas pris pour un affronteur ; que j'ai bien vu que sa chûte avoit été cause qu'on ne l'avoit pas attendu. Et je dis à cela que le démon aura sans doute renversé son carrosse, mais que Dieu renversera les batteries du démon.

J'ai bien à vous remercier, mon Pere, de ce qu'enfin tout est arrangé pour notre église. Mais ne nous dites pas que vous

devriez être traité en frere quêteur.
Est-ce ainsi qu'on pourroit traiter à la
Cour M. l'abbé Bertin., Conseiller-
d'Etat, camarade de M. de Marville, et
supérieur de MADAME LOUISE. Car enfin
à Versailles vous êtes le supérieur de
ladite dame Louise, quoiqu'ici vous ne
le soyiez que de la pauvre sœur *Thérese-
de-St.-Augustin.* Ce titre pourtant,
graces à Dieu, est le plus cher de mes
titres. Oui, mon bonheur est d'être sous
votre conduite, et j'ai la confiance qu'il
me sera glorieux, même dans le ciel,
d'avoir été votre fille aînée.

Sœur THÉRESE-DE-ST.-AUG. R. C. I.

J. M.   Ce 20 Mars 1780.

SELON votre désir, mon Pere, notre
Mere a consulté nos Meres, et non-seulement nos Meres, mais toutes les capi-
tulantes, et toutes ont été d'un commun
avis, que ce que M. de Rasac demande est
sans exemple : que la novice étant reçue,
elle ne doit plus sortir, à moins qu'elle

ne se soumette à recommencer son noviciat. Lorsque la novice sort un instant
du monastere pour son examen, c'est
une épreuve de sa vocation, et sa mise
en liberté, si elle veut en profiter et rester dans le monde. Mais a-t-elle demandé
à être reçue à la profession, et le chapitre l'y a-t-il admise ? Par là même, et
suivant nos usages qui lui sont connus,
elle ne doit plus sortir du monastere.;
elle le peut encore néanmoins; mais si
elle le fait, par là même qu'elle déroge
à son engagement avec nous, elle nous
délie de notre engagement envers elle; et
toute la grace que nous pourrions faire en
pareil cas, ce seroit d'admettre le sujet
aux épreuves d'une seconde année de noviciat, au bout de laquelle nous délibé-
rerions sur son admission aux vœux religieux. M. de Rasac doit sentir aussi bien
que nous la sagesse de cette conduite. Il
est bien dit dans l'évangile, qu'un jeune
homme demanda à Notre-Seigneur, qui
l'appeloit, d'aller rendre les derniers devoirs à son pere; mais il n'est pas dit
qu'il soit revenu. Je souhaite qu'il n'en

soit pas de même de Mlle de Rasac ; et
je doute même que M. de Rasac exige sa
sortie. Je regarde ceci comme une simple
épreuve de la tendresse paternelle ; mais
tendresse bien cruelle , par l'état violent
où il met le sujet. Hélas ! en eût-on tant
fait pour connoître sa vocation si elle eût
dû se fixer dans le monde ? Tout cela
me fait sentir de plus en plus le bonheur
de mon état , bonheur si grand à mes
yeux , que le Seigneur ne sauroit le
mettre à trop haut prix pour ceux qu'il
y appelle. Ce sont là , mon Pere , mes
sentimens ; notre Mere vous mande les
siens ; M. Rigaud vous répondra aujourd'hui.

Sœur THÉRESE-DE-ST.-AUG. R. C. I.

J. M.　Co 4 Août 1780.

NOTRE Mere n'arrivera pas seule avec
son gros troupeau pour vous souhaiter
de bonnes fêtes ; vous permettrez , mon
Pere , que votre filleule se présente aussi
avec ses petits anges du noviciat , pour
vous dire combien elles prient le bon

N 5

St. Louis et St. Augustin de protéger
leur Pere. (Le supérieur s'appeloit
Louis-Augustin.)

J'aurai la semaine prochaine et après,
bien des visites. Lundi , mes sœurs qui
vont à Louvois ; le 1.ᵉʳ Septembre, le
Roi et Monsieur ; le 10, la Reine et sa
fille, qu'elle fera inoculer le lendemain à
la Muette.

Mais ne voilà-t-il pas un compliment
de bonne fête, destiné à être adressé à
un supérieur , bien placé sur un simple
quarré de papier ? Je m'en aperçois seulement ; et Martin voulant partir , je
n'ai pas le temps de recommencer. Mais
comme vous regardez moins à la cérémonie qu'aux sentimens du cœur , je
vous assure que les miens sont ce qu'ils
doivent être , respectueux comme pour
mon supérieur , affectueux comme pour
un bon pere , et j'ose ajouter les plus
sinceres comme pour le meilleur ami.
Cela ne pouvoit-il pas s'appeler finir im-
pertinemment une lettre commencée cavalierement ? Cependant c'est en effet à
un supérieur, à un pere et à un ami que

je l'écris ; j'aime à me le rappeler sous
tous ces titres , et il me le pardonnera. -

Sœur THÉRÈSE-DE-ST.-AUG. R. C. L.

J. M.　Ce 18 Février 1782.

JE pense comme vous , mon Pere ,
et notre Mere aussi , qu'il vaut mieux
payer 800 liv. pendant dix ans que pendant vingt-cinq , et peut-être plus ; ainsi
vous pouvez terminer cette affaire quand
bon vous semblera.

Il vient de s'élever un différent entre
notre Mere et moi. Elle doit proposer nos
deux postulantes au Chapitre ן   les
faire recevoir dimanche. On elle craint
de ne pas vous en avoir demandé la permission ; et moi je prétends qu'elle l'a
fait ; et la preuve en est que vous avez
vous-même arrangé avec elle , qu'elle
ne les avanceroit pas , et qu'elle ne les
feroit passer aux voix qu'après les deux
mois révolus depuis leur entrée ; ce qui
a eu lieu le 10 du courant.

Notre malade vit toujours , et c'est
tout ce qu'on en peut dire , car elle est

N 6

dans un délire continuel, et il est heureux qu'elle ait reçu tous ses sacremens,
parce qu'elle seroit hors d'état de les recevoir. Adieu , mon St. Pere , je vous
quitte , car voilà matines.

Sœur THÉRÈSE-DE-ST.-AUG. R. C. I.

J. M.   Ce 3 Mars 1782.

JE ne sais que vous dire , mon Pere.
La maladie de Sophie m'avoit déjà un
peu troublée , sans pourtant rien diminuer de la ferme résolution où je suis
intérieurement d'acquiescer toujours à la
volonté de Dieu. Je crois que je suis
soumise , on le dit : je voudrois savoir
si elle a reçu l'extrême-onction , et si
elle avoit encore sa tête. Votre lettre
semble le dire , mais cela n'est pas clair ;
et je n'ai eu d'autre nouvelle de Versailles , sinon qu'elle est morte à une
heure , et qu'on se disposoit à partir pour
Marly. Réfugions-nous en Dieu.

Sœur THÉRÈSE-DE-ST.-AUG. R. C. I.

J. M.   Ce 15 Mars 1782.

V o u s serez peut-être surpris , mon
Pere , d'apprendre que la pauvre Mere
Thérese vit toujours. Elle a eu plusieurs
foiblesses hier et avant-hier , mais se
trouve un peu moins accablée ce matin.
J'espere qu'elle nous laissera faire tran-
quillement la cérémonie de demain. Elle
n'a sa tête que comme vous la lui avez
vue , pour prier le bon Dieu , se figurant
toujours qu'elle a communié et qu'elle
communiera encore le lendemain. Elle
est d'une douceur, d'une patience, d'une
tranquillité qui prouvent bien ce que
c'est qu'une habitude de cinquante-quatre
ans de vertu. Notre Mere m'a défendu
d'aller chez elle , parce qu'elle s'est
aperçue hier de l'impression que faisoit
sur moi cet objet qui m'en rappeloit un
autre qui est encore bien présent à mon
cœur. Adieu , mon pere , vous connoissez tout mon attachement pour vous. Je
vous prie de présenter toutes mes miseres au bon Dieu.

Sœur THÉRESE-DE-ST.-AUG. R. C. L.

J. M.   Ce 17 Juillet 1782.

J'AI de bonnes nouvelles à vous dire,
mon Pere, c'est que notre Mere se trouve
mieux, commence à marcher, peut se
tenir à genoux; ce que nous ne lui laissons encore faire que pour la communion.
Cependant j'ai lieu de croire que, sous
le prétexte des infirmités de notre Mere,
quelques-unes de nos sœurs songeroient
à me mettre à sa place. Je vous prie,
mon Pere, de mettre tellement ordre à
cela que la chose tourne selon mes désirs, puisque vous jugez vous-même qu'à
cet égard je puis en avoir. J'ai examiné
ma conscience, et je ne crois pas agir en
cela par l'ambition de vouloir influer dans
les élections, ni par l'orgueil de me soustraire aux volontés des autres, ni par paresse et dans la crainte du travail, ni
même par fausse humilité, puisque je
resterois toujours chargée du grand fardeau des novices; mais j'envisage uniquement le bien de la maison. Il est très-
clair que notre Mere a fait le bien dans

son premier triennal, malgré ses infirmités, et que par conséquent elle le feroit
toujours, restât-elle dans le même état
de souffrances. Pourroit-on imaginer que
mes sœurs me revissent prieure avec
plaisir ? Elles me sont venues voir hier, et
m'ont dit au contraire, qu'elles seroient
fort aises qu'on ne songeât pas à moi, et
que, si je voulois, elles me l'écriroient,
afin que vous pussiez le montrer aux incrédules : ce que j'ai accepté. Je vous
avoue franchement que les trois ans passés ont fait grand bien à mon intérieur,
et que je sens le grand besoin que j'ai de
m'affermir moi-même dans les devoirs
auxquels je me suis vouée pour la vie,
avant de travailler à y soutenir les autres.

Mes sœurs ont bien considéré notre
église qui commence à prendre figure.
On monte aujourd'hui la plus grosse
pierre. Nous sommes toutes en prieres
pour les ouvriers. Il y a eu l'autre jour
un doigt d'écrasé : cela fait grand'pitié.
Je n'ai pas le temps, mon Pere, de ré-
pliquer à votre réponse : je vous dirai
seulement que je suis sûre des disposi-

tions du roi pour l'achevement de notre.
église. Je lui disois, en lui en parlant,
que je n'étois pas inquiete, parce qu'il
s'y étoit engagé, et il m'a répondu :
« pour cela oui, ma tante, j'y compte. »

Sœur THÉRESE-DE-ST.-AUG. R. C. I.

LETTRES

A DIVERSES PERSONNES.

Au Garde des Sceaux, M. de Miromesnil.

J. M.   Ce 28 Avril 1777.

IL y a plus d'un an, Monsieur, que
la Vie de feu mon frere, par l'abbé
Proyart, m'a été communiquée en ma-
nuscrit, et que j'en désire la publication.
Je ne puis comprendre pourquoi on
l'empêche, sur-tout quand j'entends
parler de tant d'autres ouvrages, d'un
genre bien différent, qui se répandent
sans opposition. Il me semble, Monsieur,
que pour interdire à l'auteur la circula-
tion de son livre, il faudroit qu'il fût

véritablement pernicieux ; qu'il attaquât
ou la religion où les mœurs ; ou le gouvernement , ou la réputation des personnes dont il parle ; or c'est ce dont
personne , assurément, ne l'accusera.

Enfin , faut-il quelque chose de plus ?
faites-le pour moi , Monsieur , et soyez
persuadé de la reconnoissance que j'en
aurai , ainsi que de tous mes autres sentimens pour vous.

Sœur THÉRESE-DE-ST.-AUG. R. C. I.

A une Prieure nouvellement élue.

J. M.   Ce 17 Juin 1779.

Vous croyez peut-être, ma révérende
Mere , que je vais purement et simplement vous dire combien je prends part à
votre peine. Oui certes , je vous plains,
connoissant tout ce qu'on éprouve en
pareil cas. Mais en même temps, je viens
m'avouer coupable à vos yeux , si c'est
l'être en effet, de vous avoir portée, non
pas de ma voix , parce qu'elle est nulle
dans votre Chapitre, mais de mes désirs,
au gouvernement de votre maison. Si

c'est de la besogne pour vous , ma révérende Mere , ce sont aussi de grands mérites que le bon Dieu vous met à portée
d'acquérir. Je serois bien fâchée que
M. votre supérieur vous abandonnât ,
dans ce premier moment-ci sur - tout.
Cela ne seroit pas charitable ; et je vous
promets de faire tout ce que je pourrai
pour l'engager à n'en rien faire. Adieu ,
ma revérende Mere , accordez-nous le
secours de vos prieres , et ne doutez pas
de tous vos droits aux nôtres , ainsi
qu'aux plus tendres sentimens , avec lesquels je serai toute ma vie.

Sœur THÉRESE-DE-ST.-AUG. R. C. I.

A la méme.

J. M.   Ce 31 Août 1779.

JE viens vous remercier, ma révérende
Mere , du présent que vous nous avez
envoyé. Il est bien cher à mon cœur par
les Saints qu'il représente. (Ste.-Thé-
rese et St.-Jean-de-la-Croix) L'image
est aussi charmante. Je vous envoie en

échange, de la part de M. le Nonce, six exemplaires du bref, qui vous fera plaisir, et sera bien propre à vous réconforter dans vos sollicitudes pastorales. Agréez, ma révérende Mere, l'assurance des plus tendres sentimens de ma part ; mais à condition que vous ne me donnérez plus dans vos lettres le titre de Madame, mais tout simplement celui de *Mere*.

Sœur THERESE-DE-ST.-AUG. R. C. I.

A une Prieure carmélite.

J. M.

APPRENEZ-MOI, ma chere Mere, l'entrée qu'a faite chez vous la petite que nous vous avons envoyée. C'est réellement une bonne enfant : elle promet d'avoir de l'esprit et bien de l'amour de Dieu. Mandez-m'en je vous prie, de temps en temps, des nouvelles, car je m'y intéresse toujours. Puisque vous voulez que je sois sa maraine, nommez-là *Louise* ou *Louis - de - Gonzague*. Nous venons de lire au réfectoire la vie de ce Saint, et nous sommes tout embaumées de ses vertus. Je sais qu'on y a aussi beaucoup de dévotion chez vous. S'il vient en France des carmélites Flamandes, pourriez-vous en prendre une ou deux ? Comme elles n'ont pas de pension, ce sera faire la bonne œuvre entierement. Nous sommes bien fâchées de n'avoir pas ici de place pour en recevoir autant que nous voudrions. Adieu, ma chere Mere, soyez bien persuadée de tous mes tendres sentimens pour vous.

Sœur THÉRÈSE-DE-ST. AUG. R. C. I.

A la même.

J. M.   Ce 7 Septembre 1782.

PERSONNE, ma révérende Mere, ne prend plus de part que moi à la peine où vous êtes.

Ce 12.

Vous verrez, par cette seconde date, ma révérende Mere, le peu de temps que j'ai pour écrire. Encore faut-il que je prenne sur ma retraite annuelle de profession pour m'acquitter envers vous de

ce que je vous dois. Comment vous trou-
vez-vous, ma chere Mere ? Le bon Dieu
vous afflige bien sensiblement. Outre
l'état de la Mere N. vous perdez une
fille chérie , et par-dessus cela M. l'abbé
Rigaud est toujours bien mal, et dans
son 25.ᵐᵉ jour , sans aucun mieux qui
puisse faire espérer. Notre pauvre Clotilde a soutenu bien religieusement la
perte de sa sœur. Adieu , ma chere
Mere, comptez toujours sur notre amitié
pour vous.

Sœur THÉRESE-DE-ST.-AUG. R. C. I.

A la même.

J. M.   Ce 28 Juin 1784.

JE suis bien fâchée , ma revérende
Mere , de vous savoir malade. Je viens
vous proposer une sœur du voile blanc,
dont je vous réponds que vous serez contente. Elle est forte , sans être de taille
de géant. Elle sait bien soigner les malades. Elle a une vertu d'ange et une vocation de fer, Nous l'aurions bien prise ;

·mais nous en avons dix avec celle de
Bruxelles. Répondez-moi ou me faites
répondre promptement si vous l'accep-
tez, car elle languit d'être Carmélite.
Bien des complimens à votre nouvelle
venue de la part de ses compagnes de
voyage. Ne vous inquiétez pas si vous
la voyez pleurer : les nôtres en font de
même, quoique bien contentes de se
retrouver toutes ensemble; nous les portons nous-mêmes à pleurer de temps en
temps, pour soulager leur cœur qui a
été si serré et si déchiré. Adieu, ma
chere Mere, ne doutez jamais de toute
mon amitié.

Sœur Thérese-de-St.-Aug. R. C. I.

A la même.

J. M.

·Je vous apporte, ma chere Mere,
une postulante en poste. M. l'abbé de
Floirac m'en parla l'autre jour, et je lui
indiquai votre maison. Cette demoiselle
a été guérie miraculeusement, il y a trois

ans, par l'intercession de notre vénérable
Mere, Sœur *Marie de l'Incarnation* ; et
depuis ce temps-là elle se porte très-bien.
J'espere que vous l'accepterez, et qu'elle
réussira. J'ai écrit pour votre bois , ma
chere Mere, mais je n'ai point encore
de réponse. M. l'abbé de Floirac est au
grand zele pour cette affaire, comme
pour tout ce qui peut intéresser notre
St. Ordre. C'est un ange. Dieu le pré-
serve d'une croix d'or, car je crois qu'il
sera un excellent visiteur. Adieu , ma
chere Mere , j'aime mieux vous faire
payer ce port de lettre que de différer à
vous apprendre de bonnes nouvelles.

Sœur THÉRESE-DE-ST.-AUG. R. C. L.

Billet d'excuse à une de ses consœurs.

JE vous demande pardon , ma sœur
Raphaële de ma petite vivacité. C'est un
défaut qui me suit depuis l'enfance. Ce
n'est pas que je ne me sois éveillée pour
l'heure ; mais votre précaution ne m'avoit
pas moins fait courir le risque de dormir

· le quart - d'heure au-delà. J'ai oublié de
plus , en rompant le silence , que je
n'étois plus prieure, et en tout j'ai agi en
mondaine : je vous en demande pardon.

***

A l'abbé Proyart.

J. M.   A St.-Denis, ce 5 Avril 1786.

LES éclaircissemens , Monsieur , que
vous demandez à la prieure du monastere sur l'abbé du Terney , c'est moi
qui vais vous les donner, parce que c'est
moi malheureusement qui suis prieure ,
et deux fois malheureusement , parce
que c'est par la mort de notre Mere
Julie qui l'étoit , et que je recommande
à vos prieres et saints sacrifices. L'abbé
du Terney a été obligé de déloger de
chez nous , parce qu'on va réparer notre
maison. Il est allé se loger à Chaillot , et
tous ses livres sont sens dessus dessous.
Il a reçu au milieu de tout cela votre paquet, mais lequel s'est confondu avec
tous ses ballots de livres ; et de long-
temps il ne pourra le démêler , parce
que

que pour surcroît , ses yeux sont pis que jamais , et au point qu'il ne peut .plus dire la messe ni écrire à personne. Je me suis chargée de vous répondre pour lui , afin de vous tirer d'inquiétude. Vous pouvez, Monsieur, mettre à mon adresse le paquet dont vous me parlez pour ma sœur Sophie-de-Ste.-Anne , de la rue St.-Jacques. J'ai bien de l'impatience que la vie.de la feue Reine soit imprimée. Je me recommande , Monsieur, à vos prieres.

Sœur THÉRESE-DE-ST.-AUG. R. C. I.

Au même.

J. M. Ce 13 Juin 1786.

JE vous renvoie , Monsieur , la lettre dédicatoire de la vie de la feue Reine : elle est parfaitement bien , et m'a été jusqu'au fond de l'ame. L'abbé du Terney, à qui je l'ai lue, en est aussi enchanté que moi. Ses yeux vont plutôt en empirant qu'en mieux. Il fait ranger sa bibliotheque pour la vendre de son vivant.

Tome II. O

Jugez combien il désespere d'y jamais voir. Priez, Monsieur, pour lui et pour moi; car je suis non-seulement inquiette de ses yeux, mais de sa santé : il dépérit tous les jours.

Sœur THÉRESE-DE-ST.-AUG. R. C. L.

A une Prieure nouvellement élue, et d'une grande timidité.

J. M.   Ce 29 Mai 1787.

JE vous avoue, ma révérende Mere, que, quoique je ne tremble plus comme vous à la bénédiction de primes, pas même à celle de complies, depuis que je les ai apprises par cœur, je ne m'accoutume point à tenir le Chapitre; et si on me donnoit l'option entre sonner le timbre pour l'assembler ou prendre une médecine, j'avalerois de grand cœur la médecine à la cuiller, je baiserois le timbre, et me trouverois quitte à bon marché. Il y avoit deux ou trois ans, au moins deux, que j'étois prieure, et l'ancienne prieure, la Mere St.-Alexis, qui n'entendoit pas raillerie, me poursuivoit pour que je tinsse régulierement tous les Chapitres. Enfin, un jour le cœur me manque au *Magnificat*. Je sors, j'appelle la Mere Julie, alors maîtresse des novices, et lui dis : « Ma peur est telle aujourd'hui que je ne puis sonner le Chapitre : je suis prête à me trouver mal : allez chercher la Mere St.-Alexis, elle jugera de mon état. » J'étois en effet fort pâle. Pendant ce temps-là l'heure du Chapitre passe : elles reviennent, me trouvent en larmes de scrupule de ma foiblesse. Et les voilà toutes deux à me gronder de la belle façon. Enfin huit jours furent bientôt passés, et me voilà encore plus palpitante. Mais, me dis-je, il le faut, c'est mon devoir. En prenant le timbre, je me vois dans la vitre les levres plus pâles que notre toque. Mais je songe que si je succombe encore à la tentation, il ne me sera plus possible de me vaincre, je ferme les yeux et sonne le timbre. Le Chapitre commencé je me remis un peu ; et je vous avoue que la derniere fois encore que je le tins, mon

cœur palpitoit bien fort. Mais qu'y faire ?
C'est comme pour la discipline , s'il falloit s'en croire la prendroit-on ? Il faut
toujours aller son train , *et ce jusqu'à la
mort.* Je suis enchantée de ce que vous
me mandez de vos enfans. J'espere que
l'une au milieu de ses combats , se for-
tifiera par ses victoires , et que l'autre
persévérera. Je me sais bon gré de vous
avoir procuré notre Pere Rigaud. C'est
réellement un excellent prêtre , et d'une
sainteté éminente. Adieu , ma chere
Mere , priez pour moi , particulierement
cette sainte octave , et aussi pour mon
pauvre abbé du Terney , malade au point
que je ne sais s'il en reviendra.

Sœur THÉRESE-DE-ST.-AUG. R. C. I .

*Résolutions écrites par Madame Louise
dans une de ses retraites.*

FAIRE toutes mes actions en esprit de
pénitence de mes péchés , et pour réparer
le temps perdu depuis quatorze ans que
je suis ici.

Attachement inviolable à toutes mes regles ; plutòt mourir que d'en violer la plus petite de propos déliberé , assurée que l'exactitude à les suivre conduit au Ciel.

En conséquence , silence exact aux heures prescrites , même vis-à-vis de mes novices , à moins que des choses essentielles ne m'obligent de le rompre.

Dans le cas de maladie , le pur nécessaire en paroles ; mais pour chiffons , hermitage , propre satisfaction , rien.

Fidélité à la mortification , en toute occasion.

M'étudier à la pratique de la présence habituelle de Dieu ; aviser à des moyens de m'y maintenir , même pendant les récréations.

Méditer fréquemment les grandes vérités de la Foi et la passion de Notre-Seigneur.

Faire ma pénitence habituelle de toute espece de contradictions , peines corporelles ou spirituelles , et la pénitence du moment de toute action qui me déplairoit dans une autre.

Me confesser de tout manquement
d'exactitude aux heures de communauté.
ou à garder le silence.

Me proposer toujours Dieu pour fin
de mes actions ; songer si celle que je
fais ou que je vais faire mene à lui ; m'en
abstenir, si elle peut m'en éloigner ; la
rectifier si elle est indifférente.

Haïr le péché comme le plus grand de
tous les maux , parce qu'il est l'offense
de Dieu.

Aimer Dieu pour lui - même , sans
néanmoins perdre de vue ses récompenses
et ses punitions , pour m'aiguillonner à
son service et dans le sentier de la pénitence.

Ne point m'épargner dès qu'il s'agira
de la gloire de Dieu ou de l'accomplisse-
ment de ma regle.

Ne jamais m'écarter de la bonté et de
la charité chrétienne que je dois à mon
prochain comme prochain , comme
sœur , ou comme chargée d'office de
pourvoir à ses besoins temporels ou spirituels.

Me pénétrer d'une grande résignation

à la mort, l'envisageant comme peine de péché en général , et l'acceptant comme pénitence de mes péchés particuliers.

Mourir chaque jour à moi - même , comme apprentissage de ce qu'il me faudra faire au moment de ma mort réelle.

Me dépouiller de moi-même , et ne pas envisager seulement la mort comme la fin de mes maux , mais comme moyen nécessaire pour entrer en jouissance de la récompense céleste promise au travail de la vie présente.

FIN.

CPSIA information can be obtained at www.ICGtesting.com
Printed in the USA
BVOW021219070613

322734BV00015B/199/P

9 781160 758161